Persönliche Widmung

Für Julius Jonathan

Nicola Fritze

Motivier dich selbst. Sonst macht's keiner!

50 Impulse, um in Schwung zu kommen

BusinessVillage

Impressum

Nicola Fritze
Motivier dich selbst. Sonst macht's keiner!
50 Impulse, um in Schwung zu kommen
1. Auflage 2016
© BusinessVillage GmbH, Göttingen

Bestellnummern
ISBN 978-3-86980-343-2 (Druckausgabe)
ISBN 978-3-86980-344-9 (E-Book, PDF)

Direktbezug unter www.businessvillage.de/bl/994

Bezugs– und Verlagsanschrift
BusinessVillage GmbH
Reinhäuser Landstraße 22
37083 Göttingen
Telefon: +49 (0)5 51 20 99–1 00
Fax: +49 (0)5 51 20 99–1 05
E–Mail: info@businessvillage.de
Web: www.businessvillage.de

Layout und Satz
Sabine Kempke

Autorenfoto
Holger Krull, http://holgerkrull.de

Druck und Bindung
Westermann Druck Zwickau GmbH

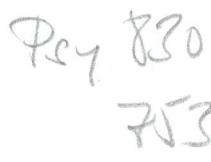

gelöscht

Inhaltsverzeichnis

5

6

Über die Autorin

Nicola Fritze ist eine gefragte Rednerin, Autorin, Executive-Coach und Organisationspsychologin. Sie ist DIE MOTIVATIONS-FRAU unter den Experten für Motivation. Ihre akademische Basis (Pädagogik, Organisationspsychologie), stetige Fortbildungen und nicht zuletzt ihre biografischen Einsichten als Führungskraft und Unternehmerin spiegeln sich auch in der Wirksamkeit ihrer vielen praktikablen Tipps. In Coachings und Seminaren begleitete sie über 20.000 Menschen in Veränderungsprozessen. Mit über drei Millionen Downloads ist Nicola Fritze die bedeutendste Podcasterin zum Thema Motivation und Persönlichkeitsentwicklung im deutschsprachigen Raum.

Kontakt:
E-Mail: mail@nicolafritze.de
Homepage: http://nicolafritze.de

»Lass dich nicht gehen, geh selbst!«

Magda Bentrup

Noch ein Buch über Motivation?
Warum dieses anders ist

Noch nie wussten wir so viel über Motivation und Persönlichkeitsentwicklung wie heute. Die Ratgeber stapeln sich auf den Nachttischen, das Internet bietet kluge Weisheiten für jede Gelegenheit und in jeder Fernsehzeitung bekommst du handfeste Tipps, wie du endlich glücklich werden und das umsetzen kannst, was du dir vorgenommen hast. Vielleicht hast du auch schon mal ein Seminar oder einen Vortrag besucht, fleißig smarte Ziele formuliert und eventuell auch schon im Coaching Unterstützung für deine Selbstmotivation erfahren. Doch führt das ganze Wissen dazu, dass wir tatsächlich glücklicher sind und motivierter die Dinge anpacken, die wir uns vorgenommen haben? Mitnichten. Doch warum setzen wir so wenig von dem um, was wir wissen? »Na ja«, wirst du jetzt vielleicht denken, »wir sind eben Gewohnheitstiere.« Und so fallen wir auch bei den besten Vorsätzen immer wieder schnell in unsere alten Verhaltensmuster zurück. Auch wenn wir wissen, dass diese uns langfristig wenig glücklich machen. Und so sitzen wird dann abends gemütlich auf der Couch, während uns die fertig gepackte Sporttasche vorwurfsvoll anblickt. Und für unseren kurzfristigen Lustgewinn ist das genau die richtige Entscheidung. Wir wissen aus der Hirnforschung, dass unser Gehirn immer auf der Suche nach dem schnellen Lustgewinn ist. Wenn wir die Wahl haben, tun wir immer lieber das, was in uns schneller die besseren Gefühle verursacht. Und meistens sind eben unsere guten, alten Gewohnheiten mit den besseren Gefühlen verbunden, weil sie so vertraut, so bequem sind und uns Sicherheit geben.

Das ist der Grund, warum wir immer wieder in alte, vertraute Gewohnheitsmuster fallen.

Aus der Gehirnforschung wissen wir auch: Nicht das Wissen, sondern die Erfahrungen, die an Emotionen geknüpft sind, ermöglichen eine neue innere Haltung. Und damit neue Verhaltensweisen. Kurzum: Wir ändern unsere Einstellung nicht, indem wir darüber nachdenken, sondern indem wir neue Erfahrungen machen. Wir brauchen neue Erfahrungen, die mit Emotionen wie zum Beispiel Begeisterung verbunden sind. Das bringt unsere Synapsen in Bewegung! Wir gewinnen also über unser Verhalten eine neue innere Haltung.

Daher möchte ich in diesem Buch kein theoretisches Wissen vermitteln, sondern dich herzlich dazu einladen, tatsächlich neue Erfahrungen zu machen, über die dann auch eine neue innere Einstellung entstehen kann. Ich möchte dich ermutigen, wieder neugierig zu sein auf dich selbst und die Welt und ich möchte dich ermutigen, dich auf das eine oder andere Abenteuer einzulassen, deine Komfortzone zu verlassen und dich tatsächlich weiterzuentwickeln. Doch das alles erreichst du nicht, wenn du nur dieses Buch einfach lesen wirst. Das erreichst du nur, wenn du auch das zu tun beginnst, was du hier lesen kannst. Und zwar Schritt für Schritt. Das Buch gibt dir fünfzig kleine, aber wirkungsvolle Impulse, die dein Denken, deine Wahrnehmung und dein Handeln in Schwung bringen und dich zur Selbstreflexion einladen. Arbeite bitte das Buch nicht von hinten bis vorne durch, sondern suche dir besser Woche für Woche einen Impuls, der dich gerade anspricht und dir nützlich erscheint. Und dann richte eine Woche lang deine Aufmerksamkeit nur auf diesen Impuls. (Be)Nutze auch gerne dieses Buch! Schreibe deine Gedanken auf die Seiten, knicke Eselsohren zum Merken in das Buch, unterstreiche und male in dem Buch! So bist du schon einen ersten Schritt im Tun und es gelingt dir Woche für Woche, Veränderungen anzugehen und dich auch in herausfordernden Zeiten zu motivieren.

Dieses Buch ist für Menschen, ...

... die gerade wenig Motivation und Freude im Leben haben, die irgendwie feststecken und nach Wegen suchen, wieder mehr Motivation und Lebensfreude zu empfinden.

... die wirklich bereit sind, Initiative zu ergreifen und zu handeln, um ihre Motivation und Lebensfreude zu steigern.

... die Verantwortung für ihr Leben übernehmen und es aktiv gestalten wollen.

... die Zeit und Energie investieren wollen, um ihre Lebensqualität zu steigern.

Das Buch zeigt einfache und effektive Möglichkeiten, wie Menschen sich selbst motivieren können und begleitet sie auf ihrem Weg der Veränderung.

Du hast deine Motivation buchstäblich in der Hand!

1.
Bestandsaufnahme
und Orientierung

Vom Lesen zum Dialog mit sich selbst

Während der Lektüre dieses Buches wirst du natürlich verschiedene Gedanken haben. Wir nehmen unsere Gedanken in Form von inneren Stimmen und Bildern wahr. Und nicht selten diskutieren unterschiedliche innere Stimmen auch miteinander. Vielleicht kennst du dein *Engelchen* und dein *Teufelchen* auch schon sehr gut? Während des Lesens wird es kritische oder skeptische Stimmen geben, Stimmen, die deine Gewohnheiten verteidigen, aber auch neugierige, mutige und aktivierende Stimmen. Höre aufmerksam in dich hinein und gehe in den inneren Dialog mit dir selbst. So gelingt es dir, im Einklang mit dir selbst deine Persönlichkeit gezielt weiterzuentwickeln. Um die inneren Dialoge ein wenig zu aktivieren, melden sich auch hier immer mal wieder der *innere Kritiker* und der *innere Coach* zu Wort und laden dich dazu ein, sowohl kritisch und skeptisch als auch wohlwollend und fördernd die Inhalte und Impulse zu reflektieren. Lass dich von den beiden ein wenig inspirieren und lerne deinen inneren Kritiker und inneren Coach noch besser kennen.

Da Motivation nur in unserem Kopf geschieht, ist das Konzept der inneren Stimmen, das auch das Konzept der inneren Persönlichkeitsteile genannt wird, sehr nützlich. Die zentrale Frage lautet: Wie organisiere ich mein Innen(er)leben, um mich zu motivieren und in eine gute Stimmung zu versetzen? Schon lange erklären Forscher unsere komplizierte Psyche anhand unterschiedlicher Persönlichkeitsteile – nicht zu verwechseln mit dem Krankheitssymptom einer multiplen Persönlichkeit. Siegmund Freud sprach schon 1923 in seiner Psychoanalyse von den drei seelischen Instanzen *Es*, *Ich* und *Über-Ich*.

In den vergangenen Jahrzehnten haben Wissenschaftler die Vorstellung unterschiedlicher Persönlichkeitsteile verstärkt aufgegriffen. Zum Beispiel der Psychiater Eric Berne, der in seiner Transaktionsanalyse zwischen unterschiedlichen *Ich-Zuständen* unterscheidet, die Familientherapeutin Virginia Satir, die die Methode *Parts Party* entwickelte, der Kommunikationsforscher Friedemann Schulz von Thun, der vom *inneren Team* spricht oder der Arzt und Therapeut Dr. Gunther Schmidt, der die *innere Familienkonferenz* erforscht.

Motivation ist eine Entscheidung – immer wieder aufs Neue

Motivation aktiviert unsere Energie, wir kommen in Bewegung und verwirklichen unsere Vorhaben. Eigentlich könnte man den Begriff *Motivation* mit einem »k« ergänzen und von *MotivaKtion* sprechen: Das Motiv führt zur Aktion.

Selbstmotivation ist der achtsame Umgang mit unseren Bedürfnissen und eine werteorientierte Selbstorganisation. Das heißt, wir sollten uns auf das konzentrieren, was wirklich Bedeutung für uns hat, was wirklich wichtig für uns ist und uns selbst so organisieren, dass wir unsere Bedürfnisse leben können. Doch es kommt leider immer wieder vor, dass wir unsere Bedürfnisse vernachlässigen oder sogar akzeptieren, dass unsere Werte verletzt werden. Zum Beispiel sagen mir viele meiner Kunden, dass ihnen Familie, Freunde und Gesundheit am wichtigsten sind. Und dennoch leben sie ein Leben, das genau diese Werte vernachlässigt, weil sie in der Firma ständig Überstunden machen und daher erst nach Hause kommen, wenn die Kinder schon schlafen. Und weil sie sich keine Zeit für regelmäßigen Sport und ein gesundes Essen in der Mittagspause nehmen – ganz in Ruhe. Wer seine Werte dauerhaft vernachlässigt, wird zunehmend unzufrieden und frustriert, fühlt sich immer leerer. Diese Leere wird dann gerne kompensiert, indem man sich was Schönes kauft, dem Konsum frönt. Doch das alles muss man sich ja auch leisten können, deshalb arbeitet man noch ein bisschen mehr, damit es wenigstens eine Gehaltserhöhung gibt, oder besser noch einen weiteren Schritt nach oben auf der Karriereleiter.

Es ist wichtig, dass wir unsere Werte kennen. Beispiele für Werte sind Gesundheit, Liebe, Freundschaft, Freiheit, Selbstverwirklichung, Selbstbestimmtheit, Wertschätzung, persönliche Weiterentwicklung, Unabhängigkeit, Freizeit, Ehrlichkeit, Glaubwürdigkeit, Integrität, Vertrauen, Verantwortung, Aufrichtigkeit, Verlässlichkeit, Respekt, Friede, Solidarität, Fairness, Mut, Loyalität, Erfolg, Prestige, Ruhm und Ehre.

Unsere Werte geben unseren Handlungen ein Motiv, sie treiben uns an. Egal, was wir tun, es steht immer ein bewusstes oder unbewusstes Motiv dahinter.

Finde heraus, welche Werte dir wirklich wichtig sind!

Stelle dir folgende Fragen, wenn sich eine dauerhafte Unzufriedenheit bemerkbar macht:

1. Was macht mich wirklich glücklich?

2. Was ist für mich wirklich wichtig? Was hat oberste Priorität?

3. Woran erkenne ich ganz konkret, dass ich diesen Wert lebe?

Wenn du deine Bedürfnisse und Werte kennst, wird das Zusammenspiel der Faktoren deutlich, die auch deine Motivation beeinflussen.

Deine Motivation hängt von drei Faktoren ab:

1. von persönlichen Bedürfnissen und Werten,
2. von der subjektiven Wahrnehmung und Bewertung deines Umfelds,
3. vom Umfeld selbst.

Wenn du demotiviert bist, kannst du an genau diesen drei Stellschrauben drehen:

1. Du veränderst deine Bedürfnisse und Werte,
2. du hinterfragst kritisch deine Wahrnehmung und Bewertung des Umfelds: Welche Möglichkeiten wurden bisher übersehen? Welche Chancen bietet dir das Umfeld vielleicht doch? Oder ...
3. du veränderst das Umfeld und verbesserst damit die Möglichkeiten, deine Bedürfnisse besser ausleben zu können.

Selbstmotivation ist eine Entscheidung: Wie will ich eine Situation wahrnehmen und wie will ich sie bewerten? Und wofür ist meine Entscheidung gut? Ein Beispiel: Jemand hat sich vorgenommen, ein paar unangenehme Anrufe im Büro zu erledigen. Frisch am Schreibtisch angekommen kann er sich entscheiden, die Situation etwa so wahrzunehmen: Jetzt ist ein guter Zeitpunkt, die Anrufe schnell hinter mich zu bringen, denn es ist noch früh am Morgen und ich bin frisch dafür. Er bewertet die Situation als Chance, danach zufrieden und erleichtert den weiteren Tag gestalten zu können. Er entscheidet sich, die Situation zwar nicht als angenehm, aber als machbar zu bewerten und legt los. Seine Entscheidung bewirkt, dass er diese Anrufe endlich abhakt und sich danach gut fühlt.

Oder: Er entscheidet sich dazu, die Situation anders wahrzunehmen: Es ist noch so früh, es gibt noch so viele E-Mails, die erst bearbeitet werden sollen. Er bewertet die Situation als ungünstig: Mit den unangenehmen Anrufen anzufangen, wäre ein blöder Start in den Tag. Diese Entscheidung hilft, seine gute Laune zu bewahren. Und das ist auch gut.

Im Gespräch mit sich selbst

Kritiker: Das ist ja ganz nach meinem Geschmack! Das Unangenehme schön vor sich herschieben! Ich gebe zu, dass es mich allerdings sehr verwundert, dass du das auch gut findest.

Coach: Na klar, für irgendetwas ist das, was wir tun, immer gut. Und das Aufschieben von unangenehmen Dingen ist kurzfristig betrachtet sicher auch eine gute Entscheidung, weil wir uns die gute Laune bewahren. Nur langfristig machen wir uns das Leben damit eben schwer.

Kritiker: Aber ich dachte, deshalb brauchen wir doch Ziele! Darüber hast du noch gar nichts gesagt. Das liest man doch in jedem Motivationsbuch: Ziele motivieren!

Coach: Ja und nein: Ein Ziel allein motiviert noch nicht. Und sei es noch so konkret. Es muss ein Ziel sein, das für dich sinnvoll und erstrebenswert ist. Ein Ziel, das dir nur übergestülpt wird, kann dich sogar demotivieren, weil du keinen Sinn darin siehst.

Kritiker: Okay, das ist klar. Aber es heißt doch immer, man muss sich Ziele setzen, damit man motiviert ist.

Coach: Ich halte mehr von Leitzielen, also eine grobe Richtung, in die man gehen will. Ein Beispiel: Eine Person setzt sich das Ziel, zwanzig Kilo abzunehmen und am Silvestertag nur noch fünfundsiebzig Kilo zu wiegen. Sie ist motiviert, denn sie findet das Ziel sinnvoll und attraktiv. Also beginnt sie, sich gut zu ernähren und Sport zu treiben. Und die Kilos purzeln. Am Silvestertag stellt sie sich auf die Waage: neunundsiebzig Kilo. Ziel nicht erreicht – vier Kilos zu viel. Die Person ist dann vielleicht frustriert. Dabei hat doch schon viel erreicht und jeden Grund, stolz darauf zu sein. Schließlich wiegt sie sechzehn Kilo weniger.

Sie wäre am Silvestertag wahrscheinlich vor Freude durch die Wohnung gesprungen, wenn sie ihr Ziel so formuliert hätte: Zum Jahreswechsel bin ich mit meinem Gewicht zufrieden und fühle mich fit. Ich habe wieder Freude an Bewegung und gesundem Essen.

Kritiker: Na gut. Und was ist mit diesem Ziel: Ich bin in fünf Jahren Führungskraft in der Personalabteilung der Firma XY. Das klingt doch, als sei es direkt einem Motivationstraining entsprungen.

Coach: Ich würde es so formulieren: Ich entwickle in den nächsten fünf Jahren meine Führungskompetenzen weiter und bin gespannt, wo ich sie dann einbringen kann. Möglicherweise entwickelt sich nämlich alles etwas anders und ich gründe ein eigenes Unternehmen. Hätte ich nur mein ursprüngliches Ziel im Blick, würde ich diese Chance vielleicht verpassen. Das wäre doch schade!

Zu konkrete Ziele können uns einengen und blind machen für ungeplante Entwicklungsperspektiven.

Ziele bringen uns in Schwung und geben eine Richtung vor.

Und während wir auf dem Weg sind, machen wir die Augen auf. Dann entdecken wir auch die Pilze am Wegesrand, aus denen wir vielleicht eine leckere Suppe kochen können. Und manchmal entdecken wir auch neue, versteckte Pfade, die spannende Umwege oder auch Abkürzungen sein können.

Die Antworten auf diese drei Fragen verraten, ob dein Weg noch der richtige ist:

1. Will ich das wirklich?
2. Passt der Weg zu meinen Werten?
3. Erlebe ich dabei Freude?

Deine Ziele können dein eigenverantwortliches Handeln stärken, eignen sich gut als Starthilfe und helfen dabei, diszipliniert zu sein. Wenn ein Ziel zu konkret formuliert ist, kann es jedoch spontane neue Entwicklungschancen und Kreativität behindern. Das Ziel zeigt dir die Richtung, bleibe wachsam, offen und flexibel, während du deiner Richtung folgst.

Sonst macht's keiner? Wirklich nicht?

Für unseren inneren Zustand sind nur wir verantwortlich. Deswegen sind wir auch für unsere Motivation allein verantwortlich, denn dauerhafte Motivation findet immer nur innen statt. Wir sind motiviert, wenn wir etwas bewirken können, wenn wir etwas sinnvoll finden, wenn uns etwas Freude macht. Und ob wir etwas sinnvoll finden, hängt von unseren ganz individuellen rationalen und emotionalen Prozessen ab. Sinn erleben wir durch die Verwirklichung unserer individuellen Werte und aufgrund unserer inneren Bewertungssysteme. Deshalb ist es wichtig zu wissen, was uns wirklich wichtig ist, wenn wir uns selbst motivieren wollen. Und es gibt nur eine Person, die genau weiß, was dir wirklich wichtig ist: du! Niemand kennt dich so gut, wie du dich selbst kennst. Und deshalb kann auch niemand dich auf Dauer so gut motivieren wie du selbst!

Motivation ist eine Frage der individuellen Bewertung: Wie nehmen wir eine Situation wahr und wie bewerten wir sie? Von unserer Wahrnehmung und Bewertung hängt unsere Motivation ab. Selbst einen sogenannten extrinsischen, also äußeren, Motivationsfaktor, wie zum Beispiel unser Gehalt, bewerten wir in unserem Kopf, wodurch er zu einem intrinsischen, also innerlichen, Motivationsfaktor wird. Während ein verhältnismäßig bescheidenes Gehalt den einen Menschen motiviert, kann dasselbe Gehalt einen anderen Menschen demotivieren. Die innere Bewertung entscheidet über die Motivation.

Noch ein Beispiel: Ein Mensch erhält von seinem Arbeitgeber die Kündigung. Diese Situation kann er nun unterschiedlich wahrnehmen und bewerten. Schauen wir uns die zwei Extrempositionen etwas genauer an:

Erstens: Er nimmt die Situation als Weltuntergang wahr und sieht nur, was er alles verloren hat: die netten Kollegen und Kunden, das gewohnte Gehalt und alles andere, woran er sich so schön gewöhnt hat und was ihm Sicherheit gab. Er bewertet die Situation also sehr negativ und wird wahrscheinlich demotiviert oder gar frustriert sein. Keine besonders gute Voraussetzung für die nächsten Bewerbungen.

Oder zweitens: Er nimmt die Situation als Chance wahr und überlegt, wie er das Beste daraus machen kann. Er denkt darüber nach, was er eigentlich für einen Job will und wo er seine Stärken bestmöglich einbringen könnte. Er nutzt die Situation, um sich neu zu definieren. Er bewertet die Situation also als Chance und ist motiviert, die Veränderung anzugehen. Eine gute Voraussetzung für die nächsten Bewerbungen.

Motivation ist kein Gefühl, mit dem man am Morgen aufsteht (oder eben nicht), sondern eine individuelle Entscheidung, die jeder täglich aufs Neue bewusst für sich treffen kann.

Selbstreflexion ist eine wichtige Voraussetzung für Selbstmotivation. Wir nehmen uns allerdings leider selten Zeit, mal in Ruhe zu reflektieren. Wo stehen wir eigentlich? Wo wollen wir hin? Sind wir auf dem Holzweg oder stimmt unser Weg mit der Richtung überein, in die wir wollen? Was haben wir alles in unserem Rucksack? Ist darin auch Ballast, von dem wir uns trennen können, um unseren Weg unbeschwerter fortsetzen zu können?

Also, spitze deinen Bleistift und los geht's … und ja, ich weiß, dass manch einer jetzt denkt, »ach, nö … auch noch alles aufschreiben … das muss ich ja nun nicht …« Richtig! Das muss man nicht. Nur wenn du den maximalen Nutzen aus diesem Buch für dich erzielen willst, dann wirst du deine Gedanken aufschreiben. Und wenn du nach ein paar Monaten oder Jahren dieses Buch mit all den Notizen wieder mal zur Hand nimmst, ist es sehr interessant zu lesen, was du damals so geschrieben hast. Das ist so spannend wie ein Tagebuch aus jungen Jahren!

Fangen wir an: Checke deine verschiedenen Lebensbereiche und sorge dafür, dass dein Lebensrad rund läuft!

Wir haben in unserem Leben viele verschiedene Aufgaben. Es ist, als ob man viele Bälle jongliert und immer schön achtsam sein muss, damit keiner runterfällt. Kannst du jonglieren? Zumindest Fahrrad fahren kannst du ziemlich sicher. Einen Platten hattest du dann bestimmt auch schon mal. Luft raus und schieben. Uff! Während wir den Reifen flicken, entdecken wir manchmal, dass wir eine Acht in der Felge haben. Und dann wird uns auch klar, warum wir in letzter Zeit nur schwer vorankamen, obwohl wir immer fest getreten haben. Es war irgendwie mühsam und hat mehr Energie als sonst gekostet. So eine Acht ist fies.

Das Leben ist wie Fahrrad fahren – manchmal haben wir einen Platten. Die Luft ist raus und wir schieben uns schwerfällig voran. Dann müssen wir unser Lebensrad wieder fit machen und entdecken, dass es eine Acht hat und gar nicht rund läuft.

Finde heraus, ob dein Lebensrad rund läuft! Nimm dir etwa zehn Minuten Zeit. Auf der folgenden Seite befindet sich das Lebensrad mit seinen zwanzig Speichen. Die stehen für deine verschiedenen Lebensbereiche. Nun bewertest du jeden Bereich wie folgt: Läuft er zu hundert Prozent rund, markierst du auf der Speiche einen Punkt auf Höhe des äußersten Kreises. Läuft der Bereich so lala, sagen wir mal zu fünfzig Prozent rund, zeichnest du auf dieser Speiche einen Punkt auf Höhe des mittleren Kreises. Ist ein Lebensbereich komplett verbogen, also null Prozent rund, dann setze bei dieser Speiche einen Punkt im Zentrum des Rades. Deine Lebensbereiche bewertest du natürlich differenzierter als nur mit null Prozent, fünfzig Prozent oder hundert Prozent. Setze die Punkte genau dorthin, wo sie hingehören. Je näher ein Punkt am Zentrum des Rades liegt, desto weniger rund läuft es in diesem Lebensbereich. Je weiter außen der Punkt gesetzt wird, desto runder läuft es.

Finde heraus, ob dein Lebensrad rund läuft:

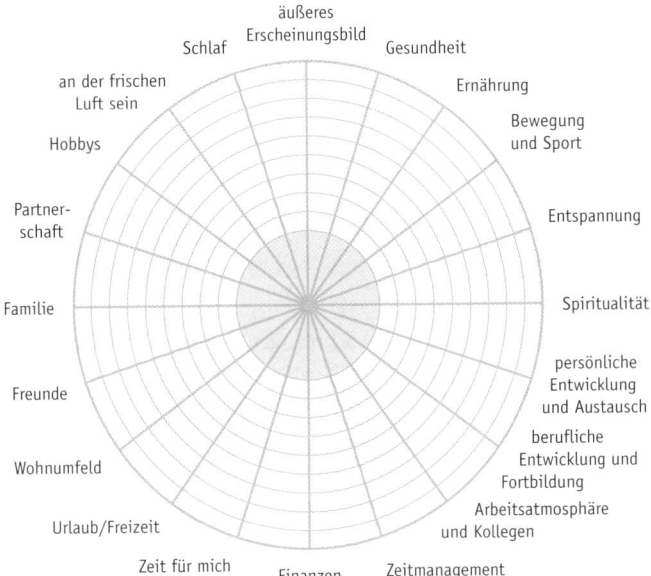

Wenn alle Lebensbereiche bewertet sind, verbindest du die Punkte miteinander. Nun erkennst du auf einen Blick, wo das Rad nicht rund läuft – und Erkenntnis ist ja bekanntlich der erste Schritt zur Besserung.

Damit sich schnell etwas verbessert, beantworte bitte folgende Fragen:

1. Welcher Lebensbereich braucht am dringendsten deine Aufmerksamkeit?

2. Was konkret kannst du in diesem Bereich tun, damit es dir wieder besser geht?

3. Was wäre der erste kleine Schritt, den du ohne viel Aufwand schaffen könntest? Was genau brauchst du? Was täte dir gut?

4. Welche Auswirkungen hätte dieser kleine Schritt auf deine anderen Lebensbereiche?

5. Wie sähe ein etwas größerer Schritt aus, mit dem es in diesem Lebensbereich wieder runder laufen würde? Was genau brauchst du? Was täte dir gut?

6. Welche Auswirkungen hätte dieser größere Schritt auf deine anderen Lebensbereiche?

7. Plane: Wann konkret wirst du die Schritte gehen?

8. Woran würdest du zuerst erkennen, dass dieser Lebensbereich wieder runder läuft?

9. Welche Auswirkungen hätte das auf die anderen Lebensbereiche?

Repariere dein Lebensrad, bevor ihm die Luft ausgeht und du auf der Strecke bleibst.

Meine Empfehlung: Zeichne einmal im Quartal dein Lebensrad, gerne auch zusammen mit der Partnerin oder dem Partner. Und am besten nimmt man dazu ein schönes Notizbuch, in dem sich alle Räder und Notizen sammeln lassen. Schreibe immer dazu, welche Reparaturmaßnahmen du planst. Dann kannst du später überprüfen, ob du dich auch daran gehalten hast.

Im Gespräch mit sich selbst

Kritiker: Lebensrad wieder rundmachen ... Hört sich so einfach an, ist es aber sicher nicht.

Coach: Manchmal geht es ganz einfach, sein Lebensrad zu reparieren. Stell dir zum Beispiel vor, es läuft beim äußeren Erscheinungsbild nur zu sechzig Prozent rund. Du fühlst dich nicht wohl in deiner Haut. Da kann ein Gang zum Friseur schon Wunder vollbringen. Die Bikini-Figur braucht natürlich etwas mehr Zeit.

Kritiker: Klar, mal eben zum Friseur ist keine große Sache. Aber was ist, wenn ich nur dreißig Prozent beim Wohnumfeld habe? Soll ich deshalb gleich eine neue Wohnung suchen?

Coach: Es muss nicht gleich eine neue Wohnung sein. Ein Frühjahrsputz, ein bisschen Entrümpeln oder Umstellen, eine neue Wandfarbe, ein neues Regal mit mehr Platz kann hier schnell zur Besserung führen.

Kritiker: Na gut. Aber manche Reparaturen sind aufwendig und teuer. Was ist zum Beispiel, wenn die berufliche Weiterentwicklung und Fortbildung nur zu zwanzig Prozent rund läuft?

Coach: Ja, manches ist deutlich aufwendiger. Bei diesem Beispiel würdest du überlegen, in welchem Bereich du dich gerne fortbilden möchtest und du würdest Angebote einholen. Du solltest dann auch mit dem Chef oder der Chefin darüber sprechen und vielleicht sogar darüber verhandeln, ob dir die Firma die Fortbildung zahlt.

Noch aufwendiger sind Reparaturen am Lebensrad, bei denen wir raus aus unseren Routinen müssen. Manche Reparaturen erfordern, dass du dir andere Verhaltensweisen aneignest und diese immer wieder übst.

Wenn das Rad etwa bei »Entspannung« oder »Zeit für mich« nur zu fünfzehn Prozent rund läuft, dann kannst du lernen, öfter auch mal **nein** zu sagen und dir aktiv Freiräume zu schaffen. Oder, wenn du bei Partnerschaft nur dreißig Prozent eingetragen hast, solltest du dich mit deinem Partner zusammensetzen und überlegen, wie wieder mehr Leben und Freude in die Beziehung kommt.

»Wenn Du etwas verändern willst, musst Du erst mal herausfinden, was Du tust.«

Moshé Feldenkrais (1904–1984), Physiker, Judolehrer
und Entwickler der Feldenkrais-Methode der körperlichen
Betätigung und Entspannung

2.
Wahrnehmen, Denken, Handeln – fünfzig Impulse für deine Motivation

Damit du in Schwung kommst, dreh einfach mal ein bisschen am Rad! Genauer gesagt an drei Rädern: Die Räder sind deine Wahrnehmung, dein Denken und dein Handeln. Alle drei beeinflussen sich gegenseitig. Soll heißen: Wenn du zum Beispiel deine Wahrnehmung veränderst, ändern sich auch dein Denken und dein Handeln.

Beispiel: Du möchtest dich dazu motivieren, einmal in der Woche Sport zu treiben und entscheidest dich, dafür an deiner Wahrnehmung zu arbeiten. Du richtest also deine Aufmerksamkeit auf deinen Körper. Wie fühlt es sich an, in deinem Körper zu sein? Wo spürst du Kraft und wo fühlt es sich verspannt an? Du nimmst wahr, was andere Menschen für ihren Körper tun. Du siehst mehr Jogger und Radfahrer, wenn du unterwegs bist. Dir fällt immer mehr auf, wie fit und durchtrainiert manche Menschen aussehen. Du beginnst mit einer Sportart, die dir Spaß macht, und richtest deine Aufmerksamkeit darauf, wie angenehm es sich anfühlt, wenn du dich bewegt hast.

Diese Wahrnehmung beeinflusst dein Denken: Du überlegst, was du noch alles tun könntest, um dich in deinem Körper wohler zu fühlen. Du denkst daran, wie froh du bist, dass du dich endlich mehr bewegst. Du denkst darüber nach, wie sich der Sport fest in deinen Alltag integrieren lässt. Du denkst immer wieder daran, wie gut dir die Bewegung tut. Und du merkst: Natürlich beeinflusst dieses Denken auch dein Handeln: Du nimmst von nun an die Treppe statt den Fahrstuhl und planst in deiner Woche einen festen Tag ein, an dem du Sport treibst.

Das funktioniert natürlich auch, wenn du mit dem Handeln beginnst und dich darauf konzentrierst, aktiv Sport zu treiben. Du denkst also nicht lange darüber nach, sondern **tust** es einfach. Das beeinflusst natürlich auch deine Wahrnehmung und dein Denken. Und wenn du deine Gedanken zum Sport positiv veränderst, beeinflusst das natürlich auch deine Wahrnehmung und dein Verhalten. Du denkst beim Sport daran, wie deine Muskeln arbeiten und Fettpolster schmelzen, wie Herz und Kreislauf trainiert werden und du merkst, wie dein Kopf frei wird. Dadurch öffnet sich auch wieder deine Wahrnehmung. Es besteht also eine Wechselbeziehung zwischen deiner Wahrnehmung, deinen Gedanken und deinem Handeln. Die Frage ist: An welchem Zahnrad fällt es dir am leichtesten zu drehen? Finde es heraus! Und dann kommt das ganze System in Schwung.

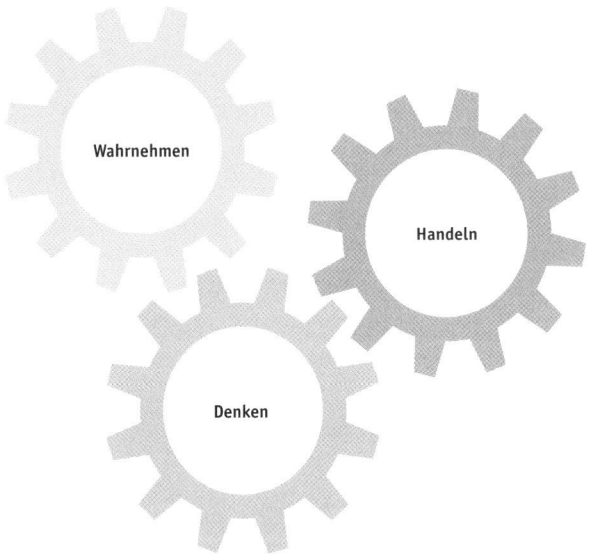

Deine Ansatzpunkte für mehr Motivation

1	Ohne Brille besser sehen
2	Mitmenschen in Lernpartner verwandeln
3	Die Glückslupe
4	Meditieren mit (und ohne) Om
5	Raus aus der Problemschleife
6	Auf ins Morgen-Land
7	Jetzt! Geht's! Los!
8	Wenn Wunder wirken
9	Wut ist gut
10	Erfolge feiern, wie sie fallen
11	Immer der Sehnsucht nach
12	Den inneren Superhelden wecken
13	Verzeihung, kennen wir uns?
14	Würdigen statt würgen

Wahrnehmen

15	Wie kommst du darauf?
16	Gut gesagt
17	Keinen (fremden) Kopf machen
18	Zeit für den Soll-Bruch
19	Gedanken-Jonglage
20	Ziele loslassen (um sie zu erreichen)
21	Bitte wenden
22	Oh je wird jetzt Aha
23	Nie mehr nie
24	Noch und nöcher: Noch
25	Im Zweifel für den Zweifel
26	Alternativen-Entdecker werden
27	Bloß keine Sorge
28	Schlimmer geht's immer ...
29	Im Lösen liegt die Lösung
30	Müssen ist kein Muss
31	Was geht?

Denken

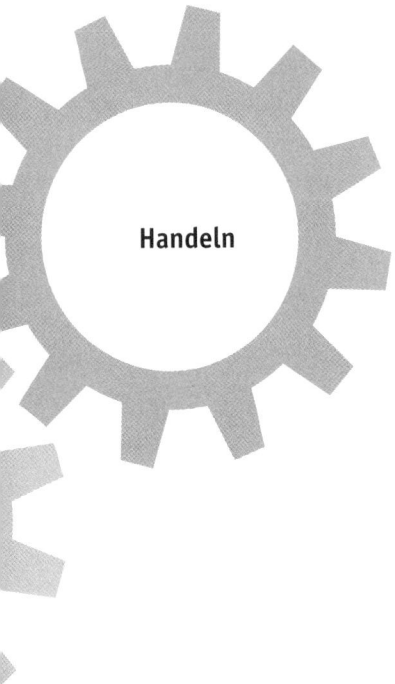

Handeln

Im Gespräch mit sich selbst

Kritiker: Das ist doch wieder typisch! Da wird ein Modell gemalt und alles scheint ganz einfach. Musst nur ein bisschen am Rad drehen und schon bist du motiviert. Also, das hat doch einen Haken!

Coach: Nun ja, es fehlt noch eine wichtige Voraussetzung für Veränderung.

Kritiker: Ich hab es doch gewusst! Und was wäre das?

Coach: Bewusstsein! Wir müssen uns natürlich bewusst sein, worauf wir unsere Aufmerksamkeit ausrichten, was wir denken und was wir tun. Nur dann können wir etwas verändern! Wir brauchen viel Achtsamkeit für uns selbst und das, was um uns herum ist.

Kritiker Und schon wird es wieder schwierig. Bewusstsein! Achtsamkeit! Das fällt ja nicht von den Bäumen. Es gibt Menschen, die jahrelang meditieren, um sich darin zu trainieren.

Coach: Meditieren ist zwar wunderbar, aber nicht zwingend notwendig, wenn wir unser Leben verändern und unsere Motivation steigern wollen. Mit den Bäumen liegst du aber schon ganz richtig. Viele Menschen sehen vor lauter Bäumen den Wald nicht mehr. Zum Glück gibt es Übungen, die unser Bewusstsein steigern, damit wir ihn wieder erkennen. Und genau damit fangen wir jetzt an.

Kritiker: Du meinst Übungen zur Wahrnehmung, zum Denken und zum Handeln?

Coach: Ja, genau!

Kritiker: Na, da bin ich mal gespannt.

Coach: Wunderbar! Neugierde ist die beste Voraussetzung für den Erfolg dieser Übungen.

3.

Impulse für dein Wahrnehmen

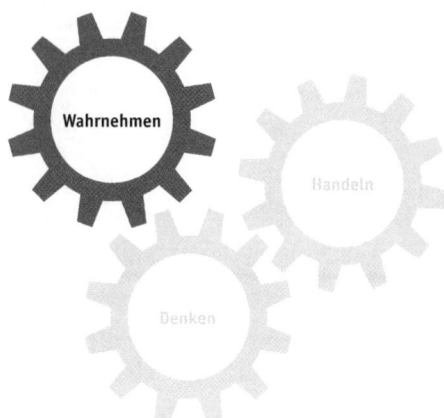

Selbst wenn du jetzt einfach nur dasäßest, ohne zu lesen, wirken pro Sekunde elf Millionen Sinneseindrücke auf dich ein. Vielleicht siehst du im Vordergrund gerade den Fernseher und im Hintergrund das Muster der Tapete, gleichzeitig spürst du an deinem Gesäß und deinem Rücken den Druck des Sofas, mit deiner Nase riechst du schon das Abendessen aus der Küche, außerdem hörst du den Straßenlärm vor dem Fenster und in deinem Mund schmeckst du noch den Nachgeschmack des Cappuccinos. Viele dieser Wahrnehmungen verlangen nach einer Entscheidung: Aufstehen oder sitzen bleiben? Das Fenster schließen oder ein Glas Wasser trinken? Elf Millionen Sinneseindrücke pro Sekunde! Das Bewusstsein kann aber gerade einmal vierzig Sinneseindrücke pro Sekunde gleichzeitig verarbeiten. Der Rest muss schon aus purem Mangel an Arbeitsspeicher dem Autopiloten im Kopf überlassen werden. Weniger als ein Prozent dessen, was unser Hirn leistet, gelangt überhaupt in unser Bewusstsein: Wir atmen, unser Herz schlägt und vieles mehr geschieht, ohne dass wir es wahrnehmen.

Laut Wikipedia bezeichnet Wahrnehmung »allgemein den Vorgang der Empfindung einer subjektiven Gesamtheit von Sinneseindrücken aus Reizen der Umwelt und inneren Zuständen eines Lebewesens. Wahrnehmung ist also das unbewusste und/oder bewusste Filtern und Zusammenführen von Teil-Informationen zu subjektiv sinnvollen Gesamteindrücken [...] Inhalte und Qualitäten einer Wahrnehmung können manchmal (aber nicht immer) durch gezielte Steuerung der Aufmerksamkeit und durch Wahrnehmungsstrategien verändert werden.« Und genau darum geht es in den folgenden Übungen, zu denen ich einlade. Du trainierst deine Aufmerksamkeit und lernst, deine Wahrnehmung bewusst zu steuern.

Dabei hilft zu wissen: Du konstruierst deine Wahrheit selbst. Deine Wahrnehmung ist höchst subjektiv und selektiv und sucht quasi deine Realität für dich aus! Denn dein Handeln orientiert sich nicht an der Welt, sondern daran, welche Ausschnitte dieser Welt du wahrnimmst. Je achtsamer du bist, je bewusster du wahrnimmst, was sonst noch da ist, je deutlicher du deine Wahrnehmungsfilter erkennst, desto bewusster lebst du. *Deine Wahrnehmung hat einen entscheidenden Einfluss auf deine Motivation und dein Handeln.* Übrigens wies der griechische Philosoph Sokrates schon vor mehr als 2.400 Jahren darauf hin, dass wir die Realität tatsächlich nicht objektiv wahrnehmen können. Er stellte fest, dass die Wahrheit dem menschlichen Erkenntnisvermögen prinzipiell unzugänglich ist und nur bei unmittelbar beobachtbaren Sachverhalten (der Himmel sieht blau aus) könnten wir zweifelsfrei feststellen, ob eine Aussage wahr oder falsch ist.

[1] Ohne Brille besser sehen

Es ist wichtig, darauf zu achten, wann du Fakten wahrnimmst und wann du sie interpretierst!

Immer wieder glauben wir, die Wahrheit zu kennen. Dabei vergessen wir, dass wir die Welt immer durch unsere persönliche Brille wahrnehmen. Wir haben unsere eigene Perspektive. Und diese Sicht entsteht durch unsere Erfahrungen und Prägungen – zum Beispiel durch unsere Erziehung. Finde heraus, wie deine Gedanken und deine Erwartungen deine Wahrnehmung beeinflussen. Und erkenne, wie diese Gedanken Gefühle erzeugen, die wiederum zu einem Verhalten führen.

Im Gespräch mit sich selbst

Kritiker: Fakten und Interpretation unterscheiden. Puh! Kannst du mal ein Beispiel dazu geben?

Coach: Klar: Du sitzt mit einem Kollegen zusammen und stellst ihm ein paar neue Ideen für ein Projekt vor. Während du voller Begeisterung sprichst, verzieht sich das Gesicht deines Kollegen immer mehr. Seine Stirn liegt in Falten, der Mund ist leicht geöffnet. Du interpretierst das als Desinteresse des Kollegen, er wirkt auf dich abweisend. Das bremst deine Begeisterung, du wirst langsam etwas unsicher. Du beginnst nach Schwachstellen deiner Idee zu suchen. Schließlich bist du fertig und sagst zu deinem Kollegen: »Ich glaube, Sie sind nicht davon überzeugt.« Und er antwortet: »Was? Doch, doch! Das ist eine klasse Idee! Es wäre nur gut, wenn Sie eine größere Schriftgröße für Ihre Präsentation verwenden. Man kann das schwer lesen!«

Kritiker: Okay, ich habe verstanden, was du meinst: Ich habe etwas wahrgenommen, nämlich dass der Kollege seine Stirn in Falten legt und den Mund leicht öffnet. Das ist Fakt, also die sachliche Information. Doch ich habe die Situation durch **meine** Brille betrachtet und interpretiert: Er hat diesen Gesichtsausdruck, weil er meine Idee blöd findet. Diese Vorstellung verändert mein Verhalten: Ich bremse meine Begeisterung und beginne sogar, an meiner Idee zu zweifeln. Ich habe seine Mimik aus meiner Sicht der Welt interpretiert. Denn wenn **ich** so aus der Wäsche gucken würde wie mein Kollege, dann sehr wahrscheinlich deshalb, weil ich das, was der andere sagt, tatsächlich bescheuert finde. Meine Interpretation weckt Gefühle. Und die steuern mein Handeln. Nichtsdestotrotz sollte man diesem Kollegen vielleicht mal die Rückmeldung geben, wie sein Gesichtsausdruck wirkt.

Coach: Da hast du recht! Wenn du also das nächste Mal ein unangenehmes Gefühl verspürst, frage dich, welche Gedanken zu diesem Gefühl führen konnten. Oder anders ausgedrückt: *Was denkst du gerade, um die Welt so zu erleben, wie du sie erlebst*? Wenn du das herausgefunden hast, überlegst du einfach, was du denken müsstest, um die Welt anders zu erleben, also andere Gefühle zu erzeugen und dich dann anders zu verhalten.

Jetzt motivier ich mich selbst:

1. In dieser Situation habe ich mich beim Interpretieren ertappt:

_____

_____

_____

2. So war die Situation rein sachlich:

_____

_____

_____

[2] Mitmenschen in Lernpartner verwandeln
Rücke unsympathische Mitmenschen in ein besonders gutes Licht und lerne von ihnen!

Seien wir mal ehrlich, wir unterstellen unseren Mitmenschen nicht immer nur Gutes. Wir sind gerne auch mal kritisch und nörgelig, suchen das Haar in der Suppe oder lästern gar. Lenke deine Aufmerksamkeit mal auf die positiven Seiten deiner Mitmenschen, auf ihre Fähigkeiten und netten Eigenschaften und überlege, was du von ihnen lernen kannst. Das ist besonders interessant, wenn man den einen oder anderen eigentlich nicht so sympathisch findet.

Gerade die Menschen, die wir unangenehm oder unsympathisch finden, können besonders interessante Lernpartner für uns sein, weil sie eine Fähigkeit haben, die wir möglicherweise gut gebrauchen könnten.

Ein Beispiel: Du findest einen Kollegen unerträglich. Er schießt immer quer, nimmt kein Blatt vor den Mund und sagt immer geradeheraus, was er denkt. Diese direkte Art findest du oft sehr unpassend und verletzend. Doch dann fragst du dich, was du wohl von diesem Kollegen lernen könntest. Und vielleicht stellst du fest, dass genau diese direkte Art und dieses Querschießen dir manchmal auch ganz gut tun würden. Du hattest bislang vielleicht nur nicht genug Mut dazu. Also beobachte genau, wie dieser Kollege vorgeht, und entwickle daraus eine neue Verhaltensmöglichkeit für dich selbst. Vielleicht bist du eines Tages sogar froh, dass du diesen Kollegen hast, weil es möglich war, von ihm zu lernen. Und wenn du möchtest, kannst du ihm ja nach einer Weile sagen, was du an ihm zu schätzen gelernt hast und ihm verraten, dass er dein Lernpartner war.

Jetzt motivier ich mich selbst:

1. Mein(e) Lernpartner(in):

_____

2. Was kann ich von ihm/ihr lernen?

_____

_____

_____

3. In diesen Situationen kann ich die neue Fähigkeit einsetzen:

_____

_____

_____

[3] Die Glückslupe

Schenke glücklichen Momenten besonders viel Aufmerksamkeit – auch den ganz kleinen!

Jeder Mensch möchte glücklich sein, aber jeder Mensch versteht etwas anderes unter Glück. Für die einen ist es ein inspirierendes Gespräch, für die anderen ein schöner Blick aufs Meer und wieder andere sind glücklich, wenn sie in ihrem Garten sitzen oder die Welt entdecken oder, oder, oder.

Glück setzt sich aus zwei Teilen zusammen:

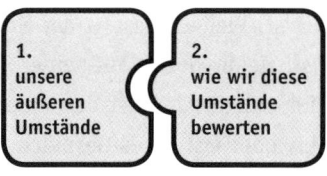

Die äußeren Umstände allein bewirken erst mal gar nichts – sie sind einfach da, ganz neutral. Erst die Bedeutung, die **du** diesen Umständen gibst, entscheidet darüber, ob du dich freust und glücklich bist.

Das Glück allein den äußeren Umständen zuzuschreiben, wie manche es versuchen, ist riskant, denn diese Umstände können sich schnell ändern und dann sitzen wir da und gucken nur noch in die Leere. Aber allein die Umstände positiv zu bewerten – reicht auch nicht. Wir brauchen ein Minimum an Erfolg, materiellem Besitz und eine sichere Umgebung, um glücklich sein zu können.

Obwohl wir Menschen scheinbar immerzu nach dem Glück suchen, sehen wir manchmal das Glück vor lauter Glück nicht mehr. Wir gewöhnen uns so schnell an das Glück, dass wir es manchmal gar nicht mehr wahrnehmen. Wir vergessen die Möglichkeiten, wie wir Glück empfinden können und manchmal vergessen wir sogar, dass in unserem Leben Glück existiert. Dabei existiert Glück immer. Wir nehmen es nur nicht immer wahr oder schenken unsere Aufmerksamkeit eher dem Unglück.

Schenke glücklichen Momenten besonders viel Aufmerksamkeit. Entdecke besonders die kleinen, aber feinen Momente, in denen du Glück fühlst. Vielleicht ist es der Moment, wenn du aus dem Haus gehst, sie die Sonne auf deiner Haut spürst und die frische Luft tief einatmest. Oder der Moment, wenn man einen Kaffee trinkt, oder ein gutes Gespräch führt oder eine kleine Blume am Wegesrand findet oder eine Umarmung spürt, seinen Partner küsst oder einfach mal wieder lacht. Richte deine Aufmerksamkeit auf all diese kleinen Glücksmomente. Nimm diese bewusst wahr, genieße sie und vielleicht sagst du innerlich: »Ich bin gerade glücklich.« Schön ist es, wenn du dein Glück auch gleich einem Menschen mitteilst, der dir nahe steht. Wann hast du zum Beispiel deinem Partner oder deiner Partnerin das letzte Mal gesagt: »Du, weißt du was, ich bin gerade glücklich.« Probiere das mal aus.

Im Gespräch mit sich selbst

Kritiker: Ach wie süüüüß! Sorry, aber Blümchen am Wegesrand machen mich nun wirklich nicht glücklich!

Coach: Das kommt darauf an, wo du die Blümchen entdeckst. Stell dir vor, du bist Tage durch eine Sandwüste gelaufen und plötzlich entdeckst du eine kleine Blume.

Kritiker: Das wäre ja was ganz anderes!

Coach: Klar, weil es nicht selbstverständlich ist, dass in der Sandwüste eine Blume wächst. Und hast du eine Idee, was im Leben noch alles selbstverständlich scheint, was in der Wüste vielleicht nicht selbstverständlich wäre?

Kritiker: Wir können unsere Wüstenreise beenden. Ich habe verstanden, was du mir sagen willst.

Kritiker: Es macht glücklich, die kleinen Dinge wieder zu würdigen, die man für selbstverständlich hält, weil sie eben **nicht** immer selbstverständlich sind.

Coach: Na, das war jetzt eine kürzere Reise in die Wüste, als ich dachte ... Ich wollte gerade noch mit dem Kühlschrank anfangen ...

Jetzt motivier ich mich selbst:

1. Was halte ich für selbstverständlich, das mal wieder etwas mehr Würdigung verdient?

2. Meine kleinen Glücksmomente:

3. Meine großen Glücksmomente:

[4] Meditieren mit (und ohne) Om
Konzentriere dich auf dein Tun – und lasse dich dabei nicht von Gedanken oder Körperempfindungen ablenken!

Anstatt über dich selbst und die eigenen Probleme nachzudenken, richte deine Aufmerksamkeit auf deine Aufgaben, auf dein Tun. Geht man in einer Aufgabe auf, wird man quasi eins mit seiner Aufgabe. Das ist ein sehr angenehmer Zustand, weil wir unsere Sorgen vergessen. Die Zeit vergeht wie im Flug und wir entspannen unseren unruhigen Geist. Was genau du tust, spielt dabei keine Rolle. Wichtig ist, dass du es mit allen Sinnen wahrnimmst.

Im Gespräch mit sich selbst

Kritiker: Ach, herrje! Das kommt ja gleich nach kreativem Gemüseschnitzen und angstfreiem Töpfern! Meditatives Geschirrspülen und dabei »Om« singen?

Coach: Ja, genau das! Aber das »Om« muss nicht unbedingt sein.

Kritiker: Du willst mich jetzt doch veräppeln, oder?

Coach: Überhaupt nicht. Ich greife dein Beispiel gerne auf, um zu verdeutlichen, worum es geht: Beim Geschirrspülen achtest du auf die Geräusche des Wassers und des Geschirrs, du fühlst das Wasser, den Schwamm, die Oberflächen des Geschirrs. Du riechst den Geruch des Spülmittels, spürst die Bewegung der Hände ganz bewusst ...

Kritiker: Du meinst es offensichtlich ernst ...

Coach: Aber sicher! Besonders gut funktioniert das auch beim Essen. Leg bei der nächsten Mahlzeit nicht gleich los. Halte erst einen Moment inne.

Bereite den Körper darauf vor, dass er gleich Energie und Nahrung bekommt. Nimm zunächst den Geruch des Essens wahr, stell dir vor, wie es wohl schmecken wird. Betrachte das Essen. Welche Farben hat es? Wenn du isst, fühl die Temperatur, die Struktur und Konsistenz der einzelnen Speisen. Konzentriere dich auf den Geschmack, versuche, die Gewürze rauszuschmecken.

Kritiker: Schluss! Ich krieg Hunger!

Jetzt motivier ich mich selbst:

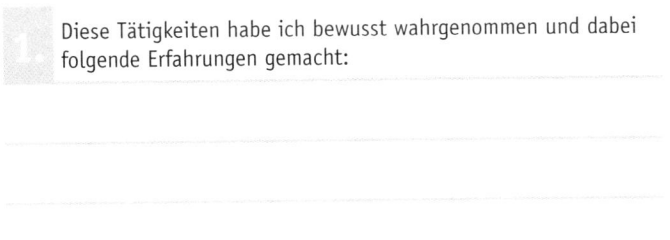 Diese Tätigkeiten habe ich bewusst wahrgenommen und dabei folgende Erfahrungen gemacht:

Raus aus der Problemschleife [5]
Konzentriere dich konsequent auf Lösungen und lasse dich nicht von Schwierigkeiten lähmen!

Wenn wir ein Problem haben, verändert sich unsere Wahrnehmung. Wir sehen nur noch das Problem – und zwar in Großaufnahme. Es ist, als wenn wir durch ein Mikroskop schauen. Wir tauchen ein in die Welt des Problems und verlieren den Kontakt zu Außenwelt (die ja auch noch da ist).

Um unseren Blick wieder zu öffnen, empfehle ich, das Problemdenken zu stoppen und sich auf mögliche Lösungen zu konzentrieren. Dabei helfen die unten folgenden Fragen. Antworte am besten spontan.

Jetzt motivier ich mich selbst:

1. Mein Problem:

2. Was habe ich bisher getan, um das Problem zu lösen?

3. Was davon war hilfreich?

4. Was wäre eine gute Lösung – wie könnte es gehen?

5. Wie sieht mein erster Schritt aus?

6. Wann war ich in einer ähnlichen Situation und wie bin ich da raus gekommen?

7. Angenommen, das Problem wäre gelöst, woran würde ich das erkennen?

»Krise ist ein produktiver Zustand, man muss ihr nur den Beigeschmack einer Katastrophe nehmen.«

Max Frisch (1911–1991), Schriftsteller

Auf ins Morgen-Land [6]
Nimm eine unangenehme Situation aus einem Blickwinkel der Zukunft wahr!

Wir können die Zeit verschieben – wann immer wir wollen. Erinnere dich an eine Situation, die etwa ein bis fünf Jahre zurückliegt. Eine Situation, die dir sehr peinlich war oder in der du dich aufgeregt hast. Vergleiche deine Gefühle: Was hast du damals in dieser Situation gefühlt und was fühlst du jetzt, wenn du dich daran erinnerst? Kann es sein, dass dir das, was damals so peinlich war, heute eher lustig vorkommt und du darüber lachst?

Wenn wir einen zeitlichen Abstand zu unangenehmen Situationen haben, dann gehen wir emotional gelassener mit ihnen um. Wir nehmen sie mit mehr Humor, weil wir das große Ganze sehen, statt uns an einem Detail festzubeißen. Wie wäre es, wenn man in einer unangenehmen Situation einfach so tun würde, als ob man gerade fünf oder zehn Jahre später darauf zurückblickte? Schlüpfe in dein Zukunfts-Ich und stelle dir dazu Fragen wie diese:

- Werde ich mich in der Zukunft überhaupt noch an diese Situation erinnern?
- Wird diese Situation überhaupt eine Rolle für mein späteres Leben spielen?
- Werde ich später darüber schmunzeln, lächeln oder einfach nur den Kopf schütteln?
- Wie werde ich darüber in der Zukunft denken und sprechen?

- Wird diese Situation vielleicht eine lustige Anekdote in meinem Leben werden, die ich gerne meinen Freunden erzähle?

Übernimm die Haltung und die Gefühle dieses Zukunfts-Ichs für die aktuelle Situation. Mit dieser kleinen Zeitverschiebung lässt sich emotionaler Abstand von der unangenehmen Situation gewinnen. Du reagierst gelassener. Und recht oft wirst du feststellen, dass diese Situation für dein gesamtes Leben doch eine recht kleine oder sogar gar keine Rolle spielt. Also: Wozu die Aufregung? Verschiebe die Zeit, übe dich in heiterer Gelassenheit und konzentriere dich auf die wirklich wichtigen Dinge in deinem Leben.

Jetzt motivier ich mich selbst:

1. Situationen, in denen ich die Zeit verschoben habe und mit heiterer Gelassenheit reagieren konnte:

_____

_____

_____

[7] Jetzt! Geht's! Los!
Lebe ganz bewusst im gegenwärtigen Moment – und das mit Leib und Seele!

Du kennst das wahrscheinlich: Der Wecker hat gerade geklingelt, und während man noch im Bett liegt, spulen die Gedanken schon den ganzen Tag durch. Geistig sitzt man vielleicht schon im Büro, während der Körper sich unter der Decke noch einmal umdreht. Oder du frühstückst, aber deine Gedanken sind schon auf dem Weg zum Kunden. Oder du sitzt mit der Partnerin oder dem Partner in einem Restaurant, willst einen schönen, entspannten Abend verbringen, doch die Gedanken kreisen nur um den Ärger über den neuen Kollegen. *Unsere Gedanken und unser Körper sind oft voneinander getrennt.* Unser Körper ist im Jetzt, aber unsere Gedanken wandern in die Vergangenheit oder in die Zukunft. Lebe doch stattdessen mal ganz bewusst im Jetzt! Lasse dich voll und ganz auf den Augenblick ein, den du gerade lebst.

Im Gespräch mit sich selbst

Kritiker: Ach herrje, das hört sich aber esoterisch an ...

Coach: Interessant, was du so als esoterisch bezeichnest. Für mich ist es eine sehr konzentrierte Achtsamkeit. Ich gebe dir ein paar Beispiele: Nimm bewusst wahr, was du gerade tust, wo du gerade bist. Wenn du sitzt, dann sitzt du und bist in Gedanken nicht schon aufgestanden. Wenn du stehst, dann stehst du und bist in Gedanken nicht schon losgegangen.

Kritiker: Hört sich einfach an. Dann sitze ich eben.

Coach: So einfach ist es gar nicht, nur zu sitzen. Das heißt nämlich, mit Kopf und Körper bewusst zu sitzen. Setz dich mal auf einen Stuhl und denke dabei nur: »Ich sitze auf einem Stuhl.« Achte dann auf deine Atmung und denke dabei nur: »Ich atme. Ich atme ein und ich atme aus.« Die Atmung führt uns immer in die Gegenwart, ins Jetzt. Sie hilft uns dabei, uns auf uns selbst und das Jetzt zu fokussieren.

Kritiker: Na, dann atme ich mal ein paar Züge ...

Jetzt motivier ich mich selbst:

1. Notiere, was konkret du wahrnimmst und wie sich dein Leben ändert, wenn du nur im Hier und Jetzt bist:

[8] Wenn Wunder wirken
Sieh wieder mit den Augen eines Kindes und entdecke die Wunder dieser Welt!

Schätze mal, wie oft am Tag sich Kinder für etwas begeistern können. Dreißig bis fünfzig Mal!

Und du? Wenn du die Welt mit den Augen eines Kindes sehen würdest – welche Fragen kämen dir dann in den Sinn? Was würde deine Neugierde wecken? *Erfreue dich an den vielen kleinen und großen Wundern, die uns täglich umgeben.* Zum Beispiel die Wunder der Technik: Fragst du dich auch manchmal, wie es eigentlich sein kann, dass wir am Computer bunte Grafiken basteln können, die dann auch noch genauso bunt aus dem Drucker kommen? Ist es nicht erstaunlich, was Nullen und Einsen vollbringen können? Oder: Ist es nicht ein Wunder, wie unser Körper funktioniert? Ohne Unterbrechung steuert er gleichzeitig Tausende verschiedene Rädchen in unserem Inneren. Und ist es nicht ein Wunder, was so eine kleine Ameise alles tragen kann?

Bleibe offen für die Welt, schau genau hin. Halte mal am Wegesrand an und betrachte diese kleine Pflanze, die sich durch den Asphalt kämpft. Entdecke lauter kleine Wunder, die dir bisher gar nicht aufgefallen sind oder die du für selbstverständlich nimmst. Und vielleicht kommen dir auch ein paar wundervolle Ideen, wie du deine ganz persönlichen Wunder vollbringen könntest. Handeln ist wundervoll! Und wenn du willst, benutze doch öfter mal diese Worte: Wunderbar! Wundervoll! Wunderschön!

Jetzt motivier ich mich selbst:

Meine kleinen Wunder:

Wut ist gut [9]
Richte deine Aufmerksamkeit auf die Energie deiner Unzufriedenheit – und nutze sie!

Bist du unzufrieden? Richtig verärgert? Vielleicht sogar wütend? Super! Super??? Normalerweise haben wir diese Gefühle ja nicht so gerne. Wer brüstet sich schon mit seiner schlechten Laune? Nach dem Motto: »Hey, wie geht's?« »Danke, super, ich bin so herrlich unzufrieden!« Wir streben so sehr nach Harmonie und eitel Sonnenschein, dass wir den Wert der Unzufriedenheit übersehen: Energie. *Unzufriedenheit und ganz*

besonders Wut sind pure Energie. Ein Motivationskick, etwas zu verändern. Und je stärker die Unzufriedenheit, der Ärger oder die Wut ist, desto stärker ist auch die Veränderungsmotivation. Soll heißen: Wir sind motiviert, den aktuellen Zustand zu ändern, denn kein Mensch ist auf Dauer gerne unzufrieden oder wütend. Dabei kommt es darauf an, sich nicht an der Unzufriedenheit festzubeißen und sich wie ein Opfer dauerhaft der Wut oder dem Ärger hinzugeben. Mache deinen Gefühlen erst mal richtig Luft und überlege dann, was konkret du tun könntest, damit du wieder zufriedener bist mit dir und der Welt.

Wir alle kennen genügend Beispiele in unserem Leben. Überlege, wann du aktiv etwas verändert hast, weil du unzufrieden warst. Das fängt im Kleinen an: Unzufrieden mit den Haaren? Ab zum Friseur! Unzufrieden mit dem Job? Man sucht nach einem neuen. Wütend auf die Partnerin oder den Partner? Man führt ein klärendes Gespräch. Wütend auf sich selbst, weil man sich bei den Kollegen mal wieder nicht mit den eigenen Ideen durchsetzen konnte? Dann arbeitet man an der Fähigkeit, sich durchzusetzen.

Je niedriger die Frustrationstoleranz, desto größer die Veränderungsmotivation – und desto schneller nimmt man sein Leben in die Hand. Wenn du dich jedoch mit dieser Unzufriedenheit abfindest und dich vielleicht sogar selbst ein wenig bemitleidest, tut sich nichts. Dann bist du ein Opfer der Umstände und deiner Unzufriedenheit. Das geht so lange, bis du endgültig genug davon hast, endlich die Augen aufmachst und die Ärmel hochkrempelst. Bei manchen Menschen dauert das sehr lange und es staut sich immer mehr Unzufriedenheit, Wut und Ärger auf. Irgendwann äußert sich diese Unzufriedenheit dann durch körperliche Symptome. Angefangen bei Müdigkeit bis hin zu chronischen Krankheiten. Lasse es nicht so weit kommen! Sei wachsam, was dich unzufrieden macht und nutze deine Veränderungsmotivation, um aktiv dafür zu sorgen, dass du wieder zufriedener bist.

Im Gespräch mit sich selbst

Kritiker: Also, das gefällt mir jetzt mal richtig gut!

Coach: Ja?

Kritiker: Ja, weil es nämlich zeigt, wie wichtig ich bin. Und meine Kollegen, der Jammerlappen, der Nörgler und der Wüterich auch! Ohne uns käme diese Veränderungsenergie, diese Motivation, etwas aus Ärger und Wut zu verändern, doch gar nicht auf!

Coach: Da hast du vollkommen recht. Deshalb können wir euch an dieser Stelle mal würdigen! Danke, ihr macht einen guten Job.

Kritiker: Na, das gefällt mir ja noch besser.

Jetzt motivier ich mich selbst:

1. Ich bin unzufrieden mit:

2. Das werde ich jetzt dagegen tun:

[10] Erfolge feiern, wie sie fallen
Nimm jeden deiner Fortschritte wahr –
und sei er noch so klein!

Menschen, die beim Arbeiten Fortschritte erleben, sind besonders motiviert, das zeigen Untersuchungen. Es ist eben ein wunderbares Gefühl, voranzukommen, Probleme zu lösen, dabei vielleicht auch Unterstützung zu erfahren und schließlich ein Ergebnis zu sehen.

Fortschritte motivieren sogar mehr als die viel gepriesene Anerkennung, die sich viele von ihren Führungskräften erhoffen. Führungskräfte können die Motivation ihrer Mitarbeiter also steigern, indem sie ihnen Hindernisse aus dem Weg räumen und sie optimal unterstützen. Gleichzeitig sollten sie dafür sorgen, dass die vereinbarten Ziele realistisch sind und sie sollten ihre Mitarbeiter auch immer wieder auf deren Fortschritte aufmerksam machen. Denn vor lauter Arbeit sieht man manchmal gar nicht mehr, wie viel man schon erreicht hat. Schau daher ganz genau hin, wo es überall vorangeht. Nimm auch den kleinsten Fortschritt wahr.

Im Gespräch mit sich selbst

Kritiker: Grrrr ... Also das widerstrebt meinem Naturell ja nun total!

Coach: Ja, das kann ich mir vorstellen!

Kritiker: Schließlich ist es doch meine Hauptaufgabe zu schauen, was nicht klappt, wo es hängt, was schief läuft, was besser werden muss und so weiter.

Coach: Ja, und auch das ist wichtig, denn damit sorgst du dafür, dass wir unsere Aufgaben gut erledigen und unser Bestes geben.

Kritiker: Schön, dass das mal gesagt wird.

Coach: Andererseits kannst du unsere Motivation damit auch ganz schön blockieren. Besonders, wenn dann auch noch dein Kollege, der Perfektionist, auftaucht. Dann entsteht der Eindruck, dass wir nie gut genug sind und nicht vorankommen, weil wir uns in Details verzetteln. Das ist dann wirklich demotivierend.

Kritiker: Meine Güte, wir können ja auch nicht **ständig** motiviert sein! Manchmal müssen Perfektion und Qualität eben auch oberste Priorität haben. Wenn wir es dann endlich geschafft haben, sind wir ja auch hochzufrieden.

Coach: Ja, das stimmt.

Kritiker: Wie? Kein Widerspruch mehr?

Coach: Nö. Nur eine Bitte.

Kritiker: Hab ich's doch gewusst ... da kommt noch was.

Coach: Wenn wir mal gerade mehr Motivation benötigen, um auch weiterhin gute Qualität abzuliefern, könntet du und der Perfektionist euch bitte zurückhalten und uns einen Blick auf den Fortschritt ermöglichen, **ohne** uns ständig darauf aufmerksam zu machen, was alles noch nicht erreicht wurde und was noch nicht gut ist?

Kritiker: Na, gut ...

Jetzt motivier ich mich selbst:

1. Was ist heute schon etwas besser als letzte Woche?

2. Wo bin ich einer Lösung schon ein kleines bisschen nähergekommen?

3. Welche ersten kleinen Erfolge habe ich heute erreicht?

4. Welche Dinge habe ich erledigt?

»Den Fortschritt verdanken wir den Nörglern.
Zufriedene Menschen wünschen keine Veränderungen.«

H.G. Wells (1866 – 1946), Schriftsteller

[11] Immer der Sehnsucht nach
Nimm wahr, was es in deinem Leben alles
Gutes gibt – und sorg für Nachschub!

Sei gut zu dir! Beantworte die nachfolgenden Fragen und
nimm dir für jede Frage fünf Minuten Zeit. Schreibe alles auf,
was dir in den Sinn kommt. Und zwar konkret. Antworte also
zum Beispiel auf die Frage »Wo bin ich gerne?« nicht nur mit
»in der Natur«, sondern etwa mit »im Wald«. Notiere bei der
Frage »Mit wem bin ich gerne zusammen?« nicht nur »Freunde«, sondern schreibe konkrete Namen auf. Und wenn du
meinst, es fällt dir nichts mehr ein, aber die fünf Minuten sind
noch nicht rum, dann denke weiter nach. Meistens kommt
einem dann doch noch etwas in den Sinn.

Jetzt motivier ich mich selbst:

1. Wo bin ich gerne?

2. Mit wem bin ich gerne zusammen?

Schau dir das Resultat an. Lasse es wirken. Vielleicht spürst du eine Sehnsucht, das eine oder andere mal wieder zu tun, den einen oder anderen mal wieder zu sehen oder den einen oder anderen Ort mal wieder zu besuchen? Folge dieser Sehnsucht. Tu dir etwas Gutes!

Den inneren Superhelden wecken [12]
Tausche in schwierigen Situationen die Rolle – und hebe ab!

Manchmal stecken wir in einer unangenehmen Situation fest. Oder wir sind so im Stress, dass wir nicht wissen, was wir zuerst tun sollen. Oder wir führen ein Konfliktgespräch und drehen uns im Kreis. Oder wir sind auf dem Weg zu einem wichtigen Termin – vielleicht eine Verhandlung oder eine Präsentation – und sind unsicher und aufgeregt. Oder, oder, oder.

Gibt es in deinem Leben Situationen, in denen du dir einen Superhelden wünschst, der dich rettet? *Was man in schwierigen Situationen braucht, ist: Abstand.* Eine gesunde Distanz, eine Vogelperspektive, aus der man einen besseren Überblick hat, sodass man wieder erkennen kann, wo der Ausgang ist und wo die eigenen Ressourcen liegen.

65

Und genau diesen Abstand erreichst du, wenn du die Rolle tauschst.

Und so geht das:
Stelle dir in einer schwierigen Situation vor, eine Freundin oder ein Freund wäre in deiner Lage. Was würdest du ihm raten? Welche Tipps würdest du geben? Wenn du ein paar Antworten auf diese Fragen gefunden hast, wende diese Empfehlungen einfach mal selbst an und beobachte, was passiert.

Und nun zum Superhelden. Den gibt es nämlich tatsächlich! Überlege in einer unangenehmen Situation, ob du jemanden kennst, der diese Herausforderung souverän meistern würde, der damit leichter fertig werden würde als du. Ist es James Bond? Superman? Wonder Woman? Es muss aber gar kein Superheld sein, es kann auch ein Mensch sein, der ein wichtiges Vorbild für dich ist – quasi dein persönlicher Superheld. Wenn du deinen Superheld oder deine Superheldin gefunden hast, frage dich, was er oder sie in dieser Situation tun würde und dann machst du es einfach nach.

Jetzt motivier ich mich selbst:

1. Meine schwierige Situation:

2. Das würde ich meiner Freundin/meinem Freund raten, wenn sie/
er in der Situation wäre:

3. Das würde meine Superheldin/mein Superheld tun:

Verzeihung, kennen wir uns? [13]
Betrachte Freunde, Verwandte und Kollegen
mit den Augen einer anderen Person!

Wir hängen in Wahrnehmungsmustern fest. Wir frühstücken
zum Beispiel jeden Morgen mit dem scheinbar selben Menschen, den wir schon so lange zu kennen meinen. Wir arbeiten
schon sooo lange mit denselben Kollegen und meinen genau
zu wissen, wie sie arbeiten (oder wie vielleicht auch nicht). Je
öfter wir in solchen Wahrnehmungsmustern feststecken, desto
weniger sehen wir, dass dieser Mensch sich auch verändert
und weiterentwickelt. Wenn wir diese Personen trotzdem immer in dieselben Schubladen stecken, dann leidet unser Miteinander darunter. So fühlen sich etwa unsere Partnerinnen
und Partner immer weniger verstanden, wie sie wirklich sind.
Und im schlimmsten Fall hat man sich irgendwann nichts mehr

zu sagen, denn man weiß ja doch alles voneinander und die Beziehung ist nur noch eine leere Hülle.

Tue diese Woche mal so, als ob du eine Person aus deinem nahen Umfeld zum ersten Mal siehst, als ob du sie gerade erst kennenlernst. Studiere die Gesichtszüge, die Bewegungen, die Haltung, die Kommunikation. Wie denkt, spricht und verhält sich dein Gegenüber ganz genau? Entdecke möglichst viele Details, die dir in den letzten Jahren gar nicht mehr aufgefallen sind – oder vielleicht sogar noch nie. Öffne deine Augen und Ohren, schaue und höre exakt hin. Nimm dabei der Person gegenüber eine wohlwollende Grundhaltung ein und sei neugierig. Ich bin mir sicher, du wirst Interessantes entdecken. Denn kein Mensch ist heute derselbe wie gestern. Unsere Erfahrungen, unsere Erlebnisse, unsere Gedanken, unsere Taten, unsere Umgebung, unsere Mitmenschen prägen und verändern uns Tag für Tag. *Wir nehmen wahr, was wir erwarten wahrzunehmen.*

Jetzt motivier ich mich selbst:

1. Diese mir vertraute Person betrachte ich mal mit neuen Augen:

2. Das habe ich an diesem Menschen neu entdeckt:

Würdigen statt würgen [14]
Erkenne an, dass Menschen – im Rahmen
ihrer Möglichkeiten – immer ihr Bestes geben!

Es kommt vor, dass wir uns über einen Menschen ärgern, ihn beschimpfen oder sogar verletzen. Und wenn wir das tun, sind wir immer der Meinung, dieser Mensch hätte anders sein, uns anders behandeln oder anders reagieren müssen. Wir verurteilen ihn und würgen ihn innerlich vor Wut. Aber wie hilfreich ist das für uns? Ist es für die andere Person oder für die Situation nützlich? Selten.

Wenn man in solchen Situationen gelassen bleiben will, muss man den Gesprächspartner besser würdigen, statt ihn zu würgen. Das scheint erst mal völlig unsinnig, wenn nicht sogar unmöglich. Und dennoch: Würdige ihn innerlich. *Mach dir bewusst, dass das Verhalten dieser Person – im Rahmen ihrer Möglichkeiten – das Beste war, was sie in diesem Moment zustande bringen konnte.* Jeder Mensch handelt nach seinen Möglichkeiten. Dein Kollege beschimpft und beleidigt dich? Niemand, der entspannt ist, nimmt sich vor, dir jetzt mal ordentlich was vor den Latz zu knallen. Der mentale und emotionale Zustand dieses Kollegen begrenzt seine Verhaltens- und Denkmöglichkeiten. Daher steht ihm gerade keine Handlungsalternative zur Verfügung. Mit der Haltung, dass jeder Mensch innerhalb seiner aktuellen Möglichkeiten immer das Beste gibt, wirst du künftig in schwierigen oder hitzigen Situationen sehr viel gelassener reagieren können. Du wirst leichter verzeihen können. Anderen und auch dir selbst. Du kannst aufhören, dir selbst oder anderen Vorwürfe zu machen und wirst viel toleranter. Damit erhöht sich die Chance, dass du auch wieder einen guten Kontakt zu deinem Gesprächspartner herstellen kannst – oder zu dir selbst.

Jetzt motivier ich mich selbst:

1. Diese Veränderungen nehme ich wahr, wenn ich anderen auch in schwierigen Situationen zugestehe, dass sie im Rahmen ihrer Möglichkeiten immer ihr Bestes geben:

4.
Impulse für dein Denken

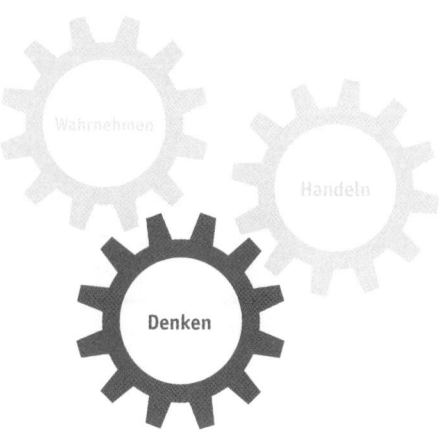

Denkst du selbst oder denkt *es* dich?

Denken geschieht meist ohne unser Zutun – völlig automatisch. Oft gleicht es einem Stimmengewirr ohne echten Zweck. Diese Stimmen führen ein Eigenleben und wir fühlen uns ihnen manchmal ausgesetzt. Dann plappern wir Dinge, die uns weder weiterhelfen noch guttun. Manchmal ist es auch nur ein einziger Gedanke, der sich wie in einer Endlosschleife immer wiederholt und uns so komplett blockiert. Du kennst das vielleicht: Man will sich unbedingt auf etwas konzentrieren, schweift aber immer wieder ab. Und jedes Mal ruft eine innere Stimme: »Du musst dich konzentrieren! Du musst dich konzentrieren!« Ist das wirklich hilfreich? Oder: Man kann abends nicht einschlafen und eine innere Stimme flüstert: »Schlaf endlich ein, schlaf endlich ein, schlaf endlich ein!« – und bringt einen so zum Verzweifeln.

Wenn du in solchen Gedanken-Sackgassen feststeckst, wird es höchste Zeit, wieder selbst zu denken. Soll heißen: Deine Gedanken im ersten Schritt bewusst wahrzunehmen, sie dann zu hinterfragen und anschließend zu steuern. Wenn du dich selbst motivieren willst, solltest du wissen, was du denkst und wie du deine Gedanken steuern kannst. Nur so kannst du dein Verhalten und deine Stimmung beeinflussen. Ja, auch deine Stimmung, denn Gedanken erzeugen auch Gefühle wie zum Beispiel Ärger, Unsicherheit oder Frust.

So hinterfragst und steuerst du dein Denken:
1. Wahrnehmen: Was denke ich gerade?
2. Wie wirkt dieser Gedanke auf mich? Ist er für mein Ziel förderlich? Geht es mir mit dem Gedanken gut?
3. Wie verhalte ich mich, wenn ich das denke?
4. Wie würde ich mich verhalten, wenn ich das nicht dächte?
5. Was könnte ich denken, um meinem Ziel näherzukommen?

Ein Beispiel:
1. Du nimmst folgenden Gedanken wahr: »Ich will diesen anstrengenden Kunden nicht anrufen!«
2. Wie wirkt dieser Gedanke auf dich? Welches Gefühl erzeugt er? Ist er für dein Ziel förderlich? Wohl kaum. Wie verhältst du dich, wenn du das denkst? Du begegnest diesem Kunden vermutlich nicht gerade offen, blockierst dich, wirkst vielleicht sogar unsicher oder bist ungeduldig.
3. Wie würdest du dich verhalten, wenn du das nicht dächtest? Du begegnest ihm wahrscheinlich freundlich und locker, freust dich auf das Gespräch mit dem Kunden, bist offen für seine Worte.
4. Welcher Gedanke wäre also hilfreicher? Zum Beispiel: »Ich bin gespannt, wie das Gespräch verläuft und vielleicht entdecke ich ganz neue Seiten an dem Kunden.«

Aber was ist Denken überhaupt? Denken ist ein Vorgang, der sich aus inneren Bildern, Vorstellungen, Erinnerungen, Worten und Erkenntnissen zusammensetzt.

Und wo kommt so ein Gedanke plötzlich her? Zum Beispiel können ihn spontane Einfälle, Gefühle, Situationen, Sinneseindrücke oder Personen hervorrufen. Oder aber man entwickelt ihn abstrakt-konstruktiv. Neben dem automatischen Denken, das unbewusst, absichtslos, unwillkürlich und mühelos abläuft, gibt es nämlich noch das kontrollierte Denken, das bewusst, absichtlich, freiwillig und aufwendig ist.

Fest steht: Der Mensch hat ziemlich viele Gedanken. Der englische Physiker Robert Hooke berechnete im 17. Jahrhundert die »Zahl der Gedanken, die der Mensch fassen und speichern kann«. Er kam auf 3.155.760.000. Doch Hooke unterschätzte unser Gehirn. Heute wissen wir, dass sich unser Gehirn aus hundert Milliarden (eins mit elf Nullen!) Neuronen zusammensetzt und zwischen ihnen hundert Billionen (vierzehn Nullen!) Verbindungen bestehen. Jedes Neuron der Großhirnrinde steht in Kontakt zu 10.000 bis 20.000 Kollegen, die sich mit Dutzenden Botenstoffen ständig Nachrichten schicken. Die Möglichkeiten unseres Gehirns sind schier unbegrenzt.

Und das ist gut so. Schließlich muss uns das Gehirn am Leben halten. Das rationale Denken ist dabei ja nur eine Nebenfunktion! Und da verwundert es auch nicht, dass unser Gehirn zwanzig Prozent der gesamten Energie unseres Körpers verbraucht – obwohl es nur zwei Prozent dessen Gewichts ausmacht. Sechzig bis achtzig Prozent dieser Hirn-Energie verbraucht dabei die Kommunikation zwischen den Neuro-

nen. Und die verstummt nie, egal, ob man eine Denksport-
aufgabe löst, diskutiert, lacht oder schläft. Erstaunlicherweise
geht dabei weniger als ein Prozent für die Verarbeitung äuße-
rer Eindrücke drauf. Dazu zählt zum Beispiel auch das Lesen
schwieriger Texte. Unser Gehirn arbeitet immer. Es kennt keine Pausen. Selbst wenn wir versuchen, an nichts zu denken,
verbraucht unser Oberstübchen jede Menge Energie.

Und man darf nicht vergessen: Gedanken erzeugen Gefühle –
sogar recht starke. Probiere doch folgendes Experiment: Stelle
dir vor, dass du ein paar Mal in ein Glas spuckst. Und dann,
wie du deine Spucke aus dem Glas trinkst. Welches Gefühl entsteht? Ekel? Das ist doch irgendwie verrückt! Du hast das ja
nur in deinen Gedanken getan und dennoch Ekel gefühlt. Ab-
gesehen davon: Wir schlucken doch den ganzen Tag über unsere Spucke! Warum also nicht Spucke aus einem Glas schlucken?

Mein Tipp: Denke nicht zu viel! Denn durchs Denken verpasst
du die Gegenwart, weil du geistig entweder in der Vergangenheit oder in der Zukunft bist. Lebe öfter mal ganz bewusst in
der Gegenwart, indem du spürst, fühlst und atmest. Und dich
nur darauf konzentrierst. Denke zum Beispiel einfach nur:
»Ich atme ein ... ich atme aus ...« So kommst du ins Jetzt,
ins Sein.

Die folgenden Übungen helfen dabei, bewusster zu denken,
die Gedanken zu steuern und einen inneren Zustand zu erlan-
gen, aus dem heraus man sich gut motivieren kann.

[15] Wie kommst du darauf?
Interessiere dich für andere Meinungen und Verhaltensweisen!

Hast du schon mal erlebt, dass du etwas gesagt oder getan hast und ein anderer meinte nur: »Das ist falsch.« Oder: »Das hast du falsch gemacht!« Oder: »Neeee ... Das kannst du so nicht sehen!« Wie fühlt sich das an? Nicht so klasse, oder? Wir fühlen uns nicht besonders wertgeschätzt und ernst genommen. Es demotiviert und sorgt für Spannungen in der Beziehung zu dieser Person.

Wie oft beurteilen wir Menschen und ihre Denk- oder Verhaltensweisen als falsch? Wir sprechen von falschen Ansichten, falschen Ergebnissen, falschen Informationen, falschen Überzeugungen, falschem Verhalten. Wenn andersherum unsere eigenen Denk- oder Verhaltensweisen als falsch verurteilt werden, erleben wir Enttäuschung oder sogar Wut und denken: »Wie kann der das wissen? Meine Überzeugung ist völlig richtig und logisch! Bei mir ist nichts falsch!« Klar, schließlich hat jeder seine eigene Sicht der Dinge. Du hast deine Erfahrungen gemacht und so dein persönliches Bewertungssystem entwickelt. Und danach sortierst du ratzfatz Situationen und Menschen in Schubladen.

Und oft hilft es sogar, schnell beurteilen zu können, damit man schnell handeln kann. Wenn du merkst, wie ein Fremder in deiner Tasche nach dem Portemonnaie greift, wäre es sehr hilfreich, diesen Menschen schnell als einen Taschendieb zu beurteilen und entsprechend zu handeln.

Oft schadet es aber auch, auf seine Sicht zu beharren, schließlich können uns andere Perspektiven sehr bereichern. *Indem wir uns für die Sichtweise unseres Gegenübers interessieren, fördern wir außerdem unsere Beziehung zu diesem Menschen.* Wenn du künftig etwas als falsch beurteilen willst und dir schon ein »Das ist falsch!« oder »Das haben Sie falsch gemacht!« oder »Das sehen Sie falsch!« auf der Zunge liegt, ziehe schnell die Sprechbremse, schalte dein Gehirn ein und sage stattdessen: »Das ist interessant. Wie kommen Sie darauf?« oder »Wie sind Sie weiter vorgegangen?« Beobachte, was sich durch die Interessant-Haltung verändert.

Vielleicht hast du schon jetzt eine Vorstellung, wie sich die Beziehung, die Kommunikation, die Zusammenarbeit mit diesem Menschen verändern könnte. Ahnst du, dass dir diese Haltung die Möglichkeit schenken wird, tatsächlich neue Sicht- und Denkweisen kennenzulernen? Etwas völlig Neues kann entstehen, ein kreativer Denkprozess kommt in Gang und das Verständnis füreinander wächst.

Im Gespräch mit sich selbst

Kritiker: Also, das siehst du völlig falsch!

Coach: Aha, das ist ja interessant. Wie kommst du zu dieser Ansicht?

Kritiker: Na, weil es doch Situationen gibt ... hey ... Moment mal ...

Coach: Ja?

Kritiker: Ich merke das! Du hast mir diese Frage gestellt, wie ich zu dieser Ansicht komme ...

Coach: Ja, das stimmt! Und wie hat das auf dich gewirkt?

Kritiker: Hm ... ich bin jetzt etwas verwirrt. Ich gebe zu, es fühlt sich gut an, weil ich mich ernst genommen fühle. Dabei wollte ich dir eigentlich gerade widersprechen.

Coach: Na, dann nur zu!

Kritiker: Also gut, es mag Situationen geben, in denen es hilfreich ist, nicht alles gleich als falsch zu bewerten, sondern sich dafür zu interessieren, wie der andere zu seinem Standpunkt kommt. Aber es gibt auch Dinge, die sind eindeutig falsch! Zum Beispiel ist 1+1=2. Daran gibt es nichts zu rütteln.

Coach: Ein gutes Beispiel! Und du meinst, das ist eindeutig? Ich sage: 1+1=10.

Kritiker: Was soll der Blödsinn? Das ist doch ganz klar falsch!

Coach: Warte mal ab. Wie denkst du darüber: 01+01=10?

Kritiker: Ich bin verwirrt ... Wieso jetzt diese Nullen? Nullen haben keine Bedeutung! Sie sind nichts ... eben null.

Coach: Verwirrung ist ein guter Zustand, weil man aus seinen gewohnten Denkbahnen geworfen wird. Und was denkst du darüber?

Kritiker: Immer noch falsch ... Daran ändern auch die Nullen nichts.

Coach: Schade, du bist schon wieder zurück auf deiner gewohnten Denkbahn. Und wie ist es hiermit: 001+001=010?

Kritiker: Mir dämmert was ...

Coach: Und was?

Kritiker: Du veräppelst mich!

Coach: Wie kommst du darauf?

Kritiker: Du rechnest im Binärsystem, ich rechne im Dezimalsystem.

Coach: Aha! Im Binärsystem ist die Aufgabe 1+1=10 nämlich richtig, denn eine Zehn bedeutet im Binärsystem dasselbe wie eine Zwei im Dezimalsystem. Du hast also mein Ergebnis als falsch bewertet, weil du in einem anderen System gedacht hast.

Kritiker: Ich bin ja schließlich kein Computer, für den wäre es natürlich sofort klar.

Coach: Genau. Hättest du mich gleich gefragt, wie ich auf das Ergebnis 1+1=10 komme, hätte ich dir geantwortet, dass ich im Binärsystem denke und dann wäre gleich alles klar gewesen.

Kritiker: Hm. Sag mir noch ein Beispiel!

Coach: Nehmen wir ein ganz einfaches: Lange glaubten die Menschen, die Erde sei flach wie eine Scheibe. Manche mussten mit ihrem Leben bezahlen, wenn sie sagten, das sei falsch.

Kritiker: Für diese mutigen Menschen wäre es sicher besser gewesen, wenn man sich dafür interessiert hätte, wie sie zu ihrer Erkenntnis kommen.

Coach: Ja, vor allem, wenn man sich mit dieser Erkenntnis auch ernsthaft auseinandergesetzt hätte.

Kritiker: Je mehr ich darüber nachdenke, desto wichtiger erscheint mir, sich des Bewertungssystems bewusst zu sein, in dem man lebt und denkt und dieses auch zu hinterfragen.

Jetzt motivier ich mich selbst:

1. Das habe ich zuletzt als falsch abgestempelt:

[16] Gut gesagt

Setze bewusst positive Sprache ein – und verbessere so dein Leben!

Es ist doch schade: Eigentlich wollen wir etwas Positives sagen, benutzen dafür aber negative Formulierungen. Ein Beispiel: Sie haben für ein paar Freunde gekocht. Der eine sagt: »Schmeckt nicht schlecht.« Ein anderer sagt: »Schmeckt lecker!« Fühlst du den Unterschied? Drücke Lob nicht durch die Verneinung eines negativen Wortes aus. Also: Lobe mal ausdrücklich mit positiven Worten – und zwar sowohl die anderen als auch dich selbst! Statt »nicht übel« sagst du »Klasse!« Statt »Das ist nicht verkehrt.« sagst du, »Das ist goldrichtig!« Statt »Das ist nicht dumm!« sagst du, »Das ist schlau!«

Wenn du positive Sprache bewusst einsetzt, wird auch dein Denken positiver. Du betonst das Positive in deinem Leben nicht nur stärker, du gibst ihm auch mehr Raum – und nimmst dadurch mehr Positives wahr. Mit einer positiven Sprache kann man sich auch viel leichter motivieren. Wie wirkt es auf dich, wenn du zum Beispiel denkst: »Ich bin gar nicht schlecht darin, mich auf etwas zu konzentrieren.«? Und wie wirkt es so: »Ich bin gut darin, mich auf etwas zu konzentrieren.«?

An der Art und Weise, wie eine Person spricht, erkennen wir, wie sie denkt, wie sie die Welt sieht. Hör mal genau hin und du wirst Interessantes entdecken.

Jetzt motivier ich mich selbst:

1. Notiere deine Top drei der negativen Formulierungen und übersetze diese in eine positive Sprache. (Es können eigene Formulierungen sein oder die von anderen.)

Keinen (fremden) Kopf machen [17]
Finde heraus, in wessen Angelegenheiten du dich einmischst – und lasse diese hinter dir!

Manchmal zerbrechen wir uns den Kopf anderer Menschen. Dabei haben wir mit unserem eigenen nun wirklich schon genug zu tun! Dennoch mischen wir uns mit unseren Gedanken, Worten und Handlungen immer wieder in fremde Angelegenheiten ein – obwohl es uns selten gut tut. Ja, manchmal leiden wir sogar regelrecht unter den Angelegenheiten eines anderen. Wir denken immerzu, was der andere lassen, anfangen oder ändern sollte. Aber es ist nicht unsere Angelegenheit. Es ist ihre oder seine!

Nach Byron Katie, der Begründerin der psychologischen Methode *The Work*, gibt es drei verschiedene Angelegenheiten: Meine, deine und die des Universums. Wenn du ein unangenehmes Gefühl bemerkst, frage dich, um wessen Angelegenheit es geht. Wenn es seit Tagen regnet, ist es die Angelegenheit des Universums. Wenn der Nachbar seinen Rasen nicht mäht, ist es die Angelegenheit des Nachbars. Und wessen Angelegenheit ist es, worüber du dich ärgerst? Deine! Und nur das kannst du aktiv gestalten und verändern. Bleibe also bei dir und deinen Angelegenheiten. Du trägst weder die Verantwortung für den Regen noch für den Nachbarn. Übernimm die Verantwortung für deinen eigenen Wirkungskreis, statt zu überlegen, was das Universum oder der Nachbar tun sollte.

In diesem Zusammenhang ist es auch interessant, zu prüfen, wie oft du unaufgefordert Ratschläge erteilst, weil du die Angelegenheit des anderen zu deiner machst. Woher weißt du, dass der andere an deiner Empfehlung interessiert ist? Vielleicht fragst du ihn einfach mal. Dann bekommst du (vielleicht) die Erlaubnis, dich in seine Angelegenheit einzubringen. Und wenn du deinen Rat gegeben hast, überprüfe doch mal, ob dieser Rat vielleicht auch für eigene Angelegenheiten nützlich sein könnte.

Wenn man sich öfter vor Augen führt, in wessen Angelegenheit man sich gerade einmischt, kann man sich gezielt auf seine eigenen Angelegenheiten konzentrieren. Man hat wieder mehr Energie für das eigene Leben! Und vielleicht spürt man auch eine neue Gelassenheit, wenn man sich aus den Angelegenheiten der anderen wieder heraushält.

Jetzt motivier ich mich selbst:

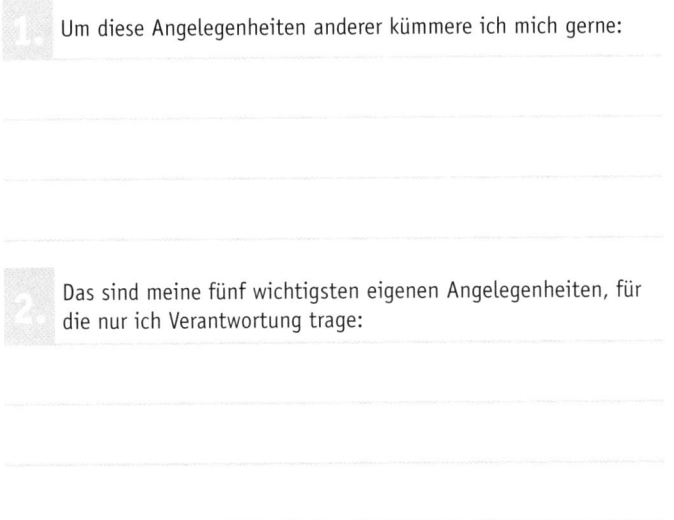

1. Um diese Angelegenheiten anderer kümmere ich mich gerne:

2. Das sind meine fünf wichtigsten eigenen Angelegenheiten, für die nur ich Verantwortung trage:

Zeit für den Soll-Bruch [18]

Erleichtere dein Leben, indem du überlegst, was du wirklich tun solltest – und was nicht!

Was solltest du denn so? Solltest du mehr Sport treiben? Solltest du abnehmen? Solltest du mehr Zeit mit der Familie verbringen? Solltest du dich nach einem besseren Job umschauen? Solltest du endlich mal den Keller ausmisten? Solltest du dein Englisch aufbessern? Solltest du öfter mal »Nein« sagen und dich mehr um deine eigenen Bedürfnisse kümmern? Solltest du mehr Disziplin haben oder ordentlicher sein? Dieses »sollte« steht für Dinge, von denen wir glauben, wir müssten sie tun – aber dann (meistens) doch nicht angehen. Deshalb führen Ich-sollte-...-Sätze zu Frust. Sie nagen an unserem Selbstwertgefühl, weil wir es eben einfach nicht gebacken bekommen. *Das ewig schlechte Gewissen, dieser Druck, den wir damit aufbauen, kostet enorm viel Energie und Lebensfreude.*

Kennst du deine Ich-Solltes? Schreibe unten alles auf, was du tun solltest. Und dann nimm dir die Liste vor und markiere alle Ich-Solltes, die du schon länger als ein Jahr mit dir rumschleppst. Und dann streiche diese Sätze durch. Beschließe, dass du das **nicht** solltest. Denn wenn du es im letzten Jahr nicht begonnen hast, scheint es nicht wichtig genug zu sein. Also weg damit. Wie fühlt sich das jetzt an? Spürst du Erleichterung? Oder hörst du eine innere Stimme rufen: »Neeein, das darfst du nicht streichen! Das ist doch wichtig!«? Wenn du Erleichterung spürst, prima. Freu dich über die Entlastung. Regt sich in dir aber Widerstand, dann formuliere den Ich-sollte-...-Satz um. Und zwar so, dass ein attraktives und konkret umsetzbares Ziel daraus wird.

Im Gespräch mit sich selbst

Kritiker: Das ist doch Blödsinn! Wenn ich mich zu etwas motivieren will, dann doch deshalb, weil ich etwas sollte.

Coach: Wie meinst du das konkret? Gib doch mal ein Beispiel!

Kritiker: Na, zum Beispiel sollten wir abnehmen.

Coach: Oha! Wie lange sollten wir das denn schon?

Kritiker: Also seit mindestens vier Jahren steht das ganz oben auf unserer Liste.

Coach: Und hat es irgendetwas genutzt – außer ein bisschen Jojo-Effekt?

Kritiker: Nein, das ist ja das Problem. Irgendetwas stimmt da nicht mit unserer Motivation.

Coach: Also streichen wir es von unserer Liste und verabschieden uns endgültig von der Kleidergröße 38.

Kritiker: Hey, du spinnst wohl! Was bist du überhaupt für ein Coach! Du bist doch hier für die Motivation verantwortlich! Wenn du unsere Ziele einfach streichst, ist das nun wirklich nicht hilfreich.

Coach: Naja, eben doch. Wenn wir schon so lange »ich sollte abnehmen« denken und es zu keinem Ergebnis führt, dann kann es sehr erleichternd sein, sich davon zu befreien.

Kritiker: Na, toll. Dann kannst du dich darauf gefasst machen, dass unser innerer Gesundheitsmanager und unsere innere Beauty-Beauftragte und noch einige andere sich hier gleich einmischen und vehement für das Abnehmen plädieren.

Coach: Okay! Ich spüre den Widerstand. Also, dann lass uns das Thema richtig angehen. Wir streichen es von der Ich-sollte-Liste und formulieren ein attraktives und konkret umsetzbares Ziel.

Kritiker: Und wie?

Coach: Zum Beispiel so: Ich achte auf meinen Körper und meine Gesundheit, damit ich mich fit und vital in meiner Haut fühle. Konkret werde ich Folgendes tun: Ich melde mich für eine Ernährungsberatung an, ich nutze jede Gelegenheit, mich zu bewegen (ich freue mich über jede Treppe, fahre mehr Fahrrad, gehe mehr Wege zu Fuß). Ich belege einen Sportkurs, der mir Spaß bereitet, ich umgebe mich mit Menschen, die sich viel bewegen und auf ihren Körper und ihre Ernährung achten.

Kritiker: Und dann?

Coach: Nun geben wir uns drei Wochen Zeit, um diese Ideen umzusetzen, oder zumindest die ersten Schritte zu machen. Stellen wir in drei Wochen fest, dass wir gar nix von alldem getan haben, noch nicht einmal einen kleinen Schritt in diese Richtung, dann streichen wir dieses Ziel.

Coach: Es ist uns dann offensichtlich einfach nicht wichtig genug – zumindest zu diesem Zeitpunkt. Also entlasten wir uns. Wir haben ja die Möglichkeit, uns dieses Ziel später wieder vorzunehmen.

Kritiker: Ich gebe zu, das klingt fair.

Coach: Also, dann los. Knöpfen wir uns nach und nach jedes Ich-sollte auf der Liste vor, das beim Durchstreichen einen Widerstand in uns auslöst. Und wenn wir keinen großen Widerstand spüren, können wir dieses Ich-sollte durchstreichen und uns über die erleichternde Erkenntnis freuen, dass es uns eigentlich doch nicht so wichtig ist.

Kritiker: Ja, dann bleibt auch mehr Energie für unsere echten Ziele!

Coach: Du hast es erkannt!

Jetzt motivier ich mich selbst:

1. Meine Ich-sollte-...-Liste:

2. Meine neu formulierten, konkret umsetzbaren Ziele:

»Die Freiheit des Menschen liegt nicht darin, dass er tun kann, was er will, sondern, dass er nicht tun muss, was er nicht will.«

Jean-Jacques Rousseau (1712 – 1778), Philosoph

[19] Gedanken-Jonglage
Glaube nicht immer, was du denkst!
Aber glaube an dich selbst.

Immer wieder rauben uns Gedanken Kraft, bremsen uns aus und demotivieren uns. Wir denken: »Die gönnt mir meinen Erfolg nicht.« Oder: »Er liebt mich eben einfach nicht mehr.« Das Blöde an diesen Gedanken: Wir glauben sie. Wir halten sie für DIE Wahrheit. Dabei vergessen wir aber, dass sie oft nur Interpretationen sind und mit der Wahrheit kaum etwas zu tun haben. Wenn wir an diese Gedanken glauben, berauben wir uns unserer Wahlfreiheit: Wir können die Realität nämlich immer auch anders interpretieren. *Wie können wir unsere Wahlfreiheit zurückgewinnen und uns von Gedanken nicht runterziehen lassen?*

Zum Beispiel so: Verdrehe die Gedanken, kehre sie ins Gegenteil um und überprüfe jedes Mal, ob an diesen verdrehten Gedanken auch ein Funken Wahrheit dran ist. Aus »Der gönnt mir meinen Erfolg nicht!« wird: »Ich gönne mir meinen Erfolg nicht.« Oder: »Ich gönne ihm den Erfolg nicht.« Oder: »Ich gönne ihm dem Erfolg.« Oder: »Er gönnt sich seinen Erfolg.« Oder, oder, oder. Und wahrscheinlich ist an jedem Gedanken ein Funke Wahrheit dran, wenn man genau darüber nachdenkt. Noch ein Beispiel: Aus: »Er sollte zuverlässiger sein.« wird: »Ich sollte zuverlässiger sein.« Ist da vielleicht auch was dran? Oder: »Ich sollte unzuverlässiger sein.«

Ich staune immer wieder, dass – wenn wir ganz ehrlich mit uns selbst sind – an allen Verdrehungen etwas Wahres dran ist. Jeder Gedanke hat seine Wahrheit. Wenn man sich das bewusst macht, verlieren absolute Gedanken wie: »Er sollte zuverlässiger sein.« an Bedeutung. Und dadurch wiederum ändert sich unser Verhalten.

Also: Jonglier spielerisch mit den Gedanken, wirbel sie durcheinander, um zu überprüfen, was noch alles wahr ist.

Im Gespräch mit sich selbst

Kritiker: Also, das ist einfach lächerlich!

Coach: Ach ja? Wie kommst du darauf?

Kritiker: Fröhliche Sätze verdrehen für ein stressfreies Miteinander? Also ehrlich! Da beschummelt man sich doch selbst.

Coach: Erklär mir, was du meinst!

Kritiker: Na, nehmen wir dieses Beispiel: »Er sollte zuverlässiger sein.« Und dann verdrehen wir den Satz zum Beispiel in: »Ich sollte zuverlässiger sein.« Das ist doch Blödsinn! Wir **sind** zuverlässig! Also ist dieser Satz nicht wahr!

Coach: Ganz ehrlich? Sind wir **immer** zuverlässig?

Kritiker: Na, klar, frag doch mal unsere Freunde! Die werden dir das bestätigen.

Coach: Wir waren noch niemals ein klein wenig unzuverlässig?

Kritiker: Du willst es jetzt aber genau wissen.

Coach: Ja, denn darum geht es. Ich bin mir sicher, dass wir auch schon mal zu spät waren, eine Vereinbarung nicht eingehalten oder einen Rückruf vergessen haben.

Kritiker: Ja, das mag sein... Aber das ist doch wirklich die ganz seltene Ausnahme!

Coach: Das mag sein, und genau darum geht es. Der Satz: »Ich sollte zuverlässiger sein.« stimmt also auch für uns.

Kritiker: Nee, nee … So kommst du mir nicht davon. Kann ja sein, dass wir auch manchmal unzuverlässig sind. Aber wirbeln wir den Satz doch noch etwas weiter und kommen zu dem Satz: »Ich sollte unzuverlässiger sein.« – das ist doch totaler Quatsch. Was soll daran schon wahr sein?

Coach: Was wäre denn, wenn wir öfter mal unzuverlässig wären?

Kritiker: Hm. Dann wären wir gegenüber unzuverlässigen Personen vermutlich sehr viel gelassener. Mit so einer eigenen Kommst-du-heute-nicht-kommst-du-morgen-Haltung kann man sich über andere unzuverlässige Menschen ja nicht ärgern.

Coach: Das ist doch interessant, findest du nicht? Trägt der Satz: »Ich sollte unzuverlässiger sein.« dann vielleicht doch einen Funken Wahrheit in sich?

Kritiker: Vielleicht.

Coach: Mit einem Vielleicht bin ich voll und ganz happy. Das heißt, dass du es immerhin für möglich hältst und damit hat kein Satz mehr auf die absolute Wahrheit Anspruch. Du erwägst Alternativen – darum geht es.

Kritiker: Irgendwie entspannt mich das.

Coach: Ziel erreicht.

Jetzt motivier ich mich selbst:

1. Mein Gedanke:

Ziele loslassen (um sie zu erreichen) [20]
Schaffe mehr, indem du weniger willst!

Es gibt Gedanken, die beißen sich so richtig in unseren Gehirnwindungen fest. Ihretwegen jagen wir etwas hinterher, das wir doch nie zu greifen bekommen. Fast scheint es, als entfernte sich sogar das, was wir so sehr ersehnen. Und wir werden immer verzweifelter und immer fixierter. Wahrscheinlich hat jeder das schon einmal erlebt: Jemand lernt eine tolle Frau oder einen tollen Mann kennen und starrt am nächsten Tag gebannt auf das Telefon und denkt nur daran, wann dieser wunderbare Mensch ihn endlich anruft. Oder ein Langzeit-Single, der sich so sehr eine Beziehung wünscht, dass er immer verkrampfter wird und deswegen erst recht niemanden findet. Und in dem Moment, in dem er locker lässt und das Single-Dasein sogar genießt, erscheint wie aus dem Nichts eine Traumfrau oder ein Traummann. In meinen Vorträgen lerne ich immer wieder viele Verkäufer kennen, die mir bestätigen, dass sie nicht gut verkaufen, wenn sie sich immer stärker auf dieses »Ich muss jetzt verkaufen« fixieren. Sie setzen sich zunehmend unter Druck, verkrampfen und verzweifeln. Das spüren die Kunden und bleiben eher zurückhaltend.

Wann immer unser Tun und Handeln einen zu hohen emotionalen Stellenwert für uns hat, behindern wir es.

Anstatt also zum Beispiel zu denken: »Ich will jetzt unbedingt einen Partner!«, wäre der Gedanke: »Ich brauche nicht unbedingt einen neuen Partner, ich kann auch alleine glücklich sein.« sehr viel nützlicher. Soll heißen: Lass los und entspanne dich. Das bedeutet nicht, dass du kein Interesse an der Sache haben solltest. Du kannst fest zu etwas entschlossen sein und doch innerlich und emotional frei bleiben – also nicht krampfhaft auf das Ziel fixiert sein. Menschen, die fixiert und verzweifelt sind, sagen: »Wenn das nichts wird, weiß ich nicht mehr weiter.« Entschlossene, innerlich freie Menschen sagen: »Irgendwie wird das schon klappen.«

Im Gespräch mit sich selbst

Kritiker: Das kann doch nicht dein Ernst sein, dass man sich zurücklehnen soll – nach dem Motto: »Das wird schon irgendwie klappen!«

Coach: Da hast du natürlich recht! So geht das nicht. Genauso wenig funktioniert es, fünf Minuten sein Spiegelbild anzugrinsen und sich selbst immer wieder zu sagen, dass man ja soooo motiviert ist.

Kritiker: Also, was sollen wir denn nun ganz genau tun? Dieses »Loslassen« ist mir nicht geheuer.

Coach: Das Wichtigste ist, nicht in diese Falle zu tappen, in der man sich sagt: »Das muss klappen, das muss so sein, und nur dann kann ich glücklich sein.«

Kritiker: Und was ist nun besser?

Coach: Man tut alles in seiner Macht liegende, damit es klappen kann und dann entspannt man sich und sagt sich: »Ich brauche es nicht unbedingt, um glücklich zu sein.« Man lässt es los. Das Leben soll kein Kampf sein.

Kritiker: Also, wenn ich eine Beziehung will, dann gehe ich aus, lerne Menschen kennen, mache mich chic und dann sage ich mir: »Ich kann aber auch ohne Beziehung glücklich sein.«?

Coach: Ganz genau! Man engagiert sich und dann lässt man den Dingen seinen Lauf. Das ist keine Gleichgültigkeit, es bedeutet nur, dass man nichts erzwingt und dadurch Energie verliert.

Kritiker: Und wenn jemand für eine Prüfung lernt, die er unbedingt schaffen will, dann lernt er so viel er kann und dann entspannt er sich und lässt der Prüfung ihren Lauf?

Coach: So ist es. Dann ist er auch in der Prüfung viel entspannter, wenn er sich klar macht, dass er alles getan hat und letztendlich das Leben nicht davon abhängt.

Jetzt motivier ich mich selbst:

1. Dafür möchte ich mich engagieren:

2. Das tue ich alles dafür:

3. Das sage ich mir, um loszulassen und einen freien Kopf zu bekommen:

[21] Bitte wenden
Sieh Krisen als Anlass, die Richtung zu ändern!

Wenn die Zeiten hart sind, wenn wir Krisen durchleben, dann lernen wir am meisten: Wann hast du die wichtigsten Entscheidungen in deinem Leben getroffen? Wahrscheinlich, nachdem du irgendwie am Boden lagst. Nach einer kleinen oder großen Krise. Wann fangen wir an, uns endlich gesünder zu ernähren und Sport zu treiben? Zum Beispiel, wenn der Arzt uns einen schlechten Befund vorlegt und uns dabei sehr ernst in die Augen blickt. Wann geben wir uns in unserer Partnerschaft wieder Mühe? Wenn sie auf wackligen Füßen steht und wir unseren Partner nicht verlieren wollen. Wann verbessern wir den Kundenservice? Nachdem uns Kunden verlassen haben. Diese Reihe könnten wir noch endlos fortsetzen.

Wenn wir also Krisen rückblickend betrachten, erkennen wir, dass sie oft der Auslöser für einen Wendepunkt in unserem Leben waren. Wir sind Gewohnheitstiere und wir tun eine Sache so lange immer wieder, bis wir gezwungen werden uns zu ändern. Je mehr wir die ersten Warnsignale ignorieren und lieber in unserer Gewohnheit bleiben, desto heftiger erwischt uns dann die Krise. Wenn wir uns aber schon beim ersten Tritt vors Schienbein fragen: »Wie muss ich mein Denken und mein Handeln jetzt ändern? Wie kann ich anders werden, als ich jetzt bin?«, dann nutzen wir das Potenzial der Krise konstruktiv, anstatt ins Jammertal zu wandern und uns zu fragen: »Warum passiert so etwas ausgerechnet immer mir?«

Wenn wir die ersten Signale ignorieren, wird die Veränderung, die die Krise auslösen könnte, sehr schmerzhaft und wir sträuben uns umso mehr dagegen. Mach dir also bewusst, dass jedes Ereignis das Potenzial hat, uns zu verändern und unsere persönliche Entwicklung voran zu treiben. Und das größte Potenzial dazu haben Krisen. *Handle, als hätte jedes Ereignis einen Sinn, und dein Leben wird immer mehr Sinn bekommen.*

Finde heraus, warum du eine bestimmte schlechte Erfahrung machen musst. Wofür war diese letztendlich gut und wichtig? Bewältige diese Krise und gehe gestärkt aus ihr hervor.

Und übrigens: Wenn wir wachsen wollen, müssen wir Neuland betreten. Klar, dass wir uns dort erst mal nicht so wohl und sicher fühlen und etwas Mut brauchen. Doch irgendwann wird auch aus diesem Neuland eine Heimat für uns.

Im Gespräch mit sich selbst

Kritiker: Das ist doch mein Job! Zusammen mit meinem Kollegen, dem Perfektionisten, suche ich immer danach, was wir besser machen können, was wir verändern können!

Coach: Ja, das stimmt! Ihr spielt bei Krisen eine wichtige Rolle. Manchmal tragt ihr maßgeblich dazu bei, dass wir in eine Krise geraten. Und dann zeigt ihr uns aber auch, was anders werden muss, damit wir wieder hinauskommen.

Kritiker: Schön, dass das hier auch mal gesagt wird!

Jetzt motivier ich mich selbst:

1. Krisen, die mich gestärkt und meinem Leben eine neue Richtung gegeben haben:

_____

_____

_____

2. Was ich aus einer aktuellen problematischen Situation für mich lernen kann:

_____

_____

_____

Oh je wird jetzt Aha [22]
Sei neugierig und freue dich auf Unerwartetes!

Wir können Ereignissen in unserem Leben unterschiedlich begegnen und sie unterschiedlich bewerten. Entweder mit einem »Oh je!« oder mit einem »Aha!«

»Aha« ist Ausdruck von Neugier. Neugierig sein heißt: Sich wundern können, immer wieder Spannendes entdecken, offen sein für das Unbekannte und Ungewohnte. Neugierde gibt uns die Chance zu lernen, uns weiterzuentwickeln. Vor Unerwartetem haben wir meistens eher Angst. Wir streben nach Sicherheit und wollen lieber alles beim Alten lassen. Aber so entgeht uns manche Möglichkeit.

Im Gespräch mit sich selbst

Kritiker: Ich denke, hier wäre ein Beispiel gut. Das ist so abstrakt!

Coach: Gerne. Stell dir vor, du kommst ins Büro und erfährst, dass alles neu organisiert wird und es künftig keine Einzelbüros, sondern nur noch ein Großraumbüro geben wird.

Kritiker: Oh je, das wäre ja grauenvoll.

Coach: Deine Reaktion ist nur eine von vielen möglichen. Die interessante Frage ist: Wie geht es dir mit deinem »oh je«?

Kritiker: Diese Frage ist ja wohl überflüssig.

Coach: Du würdest auf die neue Situation also lieber auf eine Weise reagieren, dass es dir etwas besser geht?

Kritiker: Noch so eine überflüssige Frage!

Coach: Dann denk doch mal »aha« statt »oh je«.

Kritiker: Was soll das schon ändern? Die Situation ist doch, wie sie ist.

Coach: Ja, das stimmt. Nur bewertest du sie mit einer Aha-Haltung anders. Probiere es doch einfach mal aus!

Kritiker: Also gut ... wir ziehen jetzt also in ein Großraumbüro. Aha ... na, da bin ich mal gespannt.

Coach: Gespannt sein ist genau das Richtige! Worauf bist du ganz konkret gespannt?

Kritiker: Na, ich bin gespannt, wie es sein wird in so einem Großraumbüro und was die sich einfallen lassen, damit der Geräuschpegel nicht so hoch ist. Ich bin neugierig darauf, wie ich meinen Platz so einrichte, dass ich mich wohlfühle und darauf, wie sich die Kommunikation untereinander dann vielleicht auch verändert.

Coach: Klasse! Und wie geht es dir mit diesen Gedanken?

Kritiker: Ich bin tatsächlich neugierig ... Es geht mir ganz gut damit.

Coach: So soll es sein! Lass uns also Neues in unserem Leben immer erst mal mit einem »Aha, ich bin gespannt ...« begrüßen – und lass uns die Möglichkeiten entdecken, die uns das Neue bietet.

Kritiker: Na, da bin ich mal gespannt.

Jetzt motivier ich mich selbst:

1. Meine Oh-je-Gedanken:

Nie mehr nie [23]
Entlarve Verallgemeinerungen – bei anderen und bei dir selbst!

Verallgemeinerungen sind Worte wie **immer, alle, keiner, nie**. Diese Worte entsprechen nur in den seltensten Fällen der Wahrheit. Gleichzeitig können sie aber ein ungutes Gefühl in uns erzeugen, weil sie uns glauben lassen, dass etwas gar nicht anders sein **kann**. Durch diese fiesen kleinen Worte können daher handfeste Konflikte entstehen.

Zum Beispiel: »Du schreibst **nie** das Protokoll!« Oder: »Nach 19 Uhr will **kein** Kunde mehr von mir angerufen werden, die wollen alle ihre Ruhe!« Oder: »Du kommst **immer** zu spät!« Oder: »Du kochst **nie** Kaffee nach, wenn er leer ist«. Na, wie hört sich das an? Das ist allerfeinstes Konfliktpotenzial! Und genau das kannst du vermeiden, wenn du nicht verallgemeinerst, sondern die Angelegenheit differenzierter betrachtest.

Auch in unseren inneren Dialogen verallgemeinern wir gerne und demotivieren uns mit Sätzen wie: »Ich stell mich aber auch **immer** so blöd an.« Anders hört es sich so an: »Ich stell mich **manchmal** blöd an.« Noch besser wäre: »Ich kann mich

99

auch besser anstellen.« Wenn Sie also diese fiesen, kleinen Wörter **immer, alle, keiner, nie** und Co. hören oder denken, hinterfragen Sie diese mal ganz gezielt. Und zwar so: »Wirklich **alle**?! Ohne Ausnahme?« oder: »Wirklich **niemals**?«

Jedes Wort, jeder Gedanke erzeugt eine Wirkung.

Achte darauf, im Gespräch mit anderen sowie im Gespräch mit dir selbst Worte und Formulierungen bewusst einzusetzen und so mit deiner Sprache eine möglichst positive Wirkung zu erzeugen.

Im Gespräch mit sich selbst

Kritiker: Tja, was soll ich sagen. Erwischt! Das ist genau meine Ausdrucksweise. Ich bekenne mich schuldig.

Coach: Es freut mich, dass du das gleich erkennst.

Kritiker: Ja, aber ich mache das doch nicht in böser Absicht. Ich formuliere wahrscheinlich gerne in Verallgemeinerungen, weil es einfacher ist und weil es dramatischer klingt. Ich glaube, dass ich so eher etwas bewirken kann.

Coach: Nun weißt du, was es tatsächlich bewirkt. Es tut einfach nicht gut, zu hören: »Du stellst dich immer so dämlich an!« Das ist demotivierend. Wenn du willst, dass sich etwas ändert, sage es so, dass es einen anspornt, etwas zu ändern.

Kritiker: Ich werde mein Bestes geben ...

Jetzt motivier ich mich selbst:

1. Bei diesen Verallgemeinerungen habe ich andere oder mich selbst ertappt:

_____

_____

_____

2. Besser sind diese Formulierungen:

_____

_____

_____

Noch und nöcher: noch [24]
Sage und denke öfter mal dieses kleine Zauberwort – und tanke neuen Mut!

Vielleicht geht es dir wie den meisten Menschen und dein innerer Kritiker ist sehr streng und sagt öfter Dinge wie: »Du musst dich mehr anstrengen, damit du einen gescheiten Job bekommst!« Vielleicht hörst du von deinen inneren Stimmen eher selten so nette Sachen wie: »Das haste jetzt richtig gut gemacht.« Dabei solltest du zu dir selbst doch genauso nett sein wie zu anderen. Deshalb ist es so wichtig, dass du dir deine inneren Dialoge bewusst machst und die negativen Botschaften umformulierst. Denn wenn du die negativen Selbstbotschaften auf eine konstruktive und fördernde Weise veränderst, hat das positive Folgen sowohl für dein Wohlbefinden als auch für deine Selbstmotivation.

Und wie können diese gemeinen Botschaften nun verändert werden? Zum Beispiel durch das kleine Zauberwort »noch«. Mit diesem Wort kannst du die Botschaften deines inneren Kritikers auf ganz einfache, aber sehr wirkungsvolle Weise verändern.

Spüre einmal den folgenden Sätzen nach:
• »Ich habe keinen Job.« ⇨ »Ich habe noch keinen Job.«
• »Ich habe keinen Partner.« ⇨ »Ich habe noch keinen Partner.«
• »Ich kann das nicht.« ⇨ »Ich kann das noch nicht.«
• »Ich kann mich nicht zum Sport aufraffen.« ⇨ »Ich kann mich noch nicht zum Sport aufraffen.«
• »Ich sehe verschlafen aus.« ⇨ »Ich sehe noch verschlafen aus.«

Merkst du, welchen Unterschied dieses kleine Wörtchen bewirkt? Für die meisten Menschen ist er sofort spürbar. Das Wort »noch« öffnet Türen für Veränderungen. Durch diese Ergänzung ist eine Aussage nicht mehr in Stein gemeißelt. *Das »noch« deutet an, dass wir bereits auf dem Weg sind, etwas zu ändern.*

Und wahrscheinlich hast du schon bemerkt, dass dieses Zauberwort auch im Gespräch mit anderen sehr nützlich ist. Zum Beispiel könnte einer sagen: »Ich bin heute überhaupt nicht motiviert!« Und du könntest darauf hin fragen: »Du bist also noch nicht motiviert. Und was könntest du jetzt tun, um deine Motivation zu steigern?«

Im Gespräch mit sich selbst

Kritiker: Ich bin ja schon ganz still.

Coach: Das sollst du gar nicht sein. Deine Kritik ist ja durchaus auch hilfreich. Ganz besonders, wenn du sie mit dem kleinen »noch« formulierst.

Kritiker: Es kommt mir langsam so vor, als ob ich eine neue Sprache lernen muss. Keine Verallgemeinerung und jetzt dieses »noch« …

Coach: Wenn ich dir beim Vokabellernen helfen soll, sag mir Bescheid.

Jetzt motivier ich mich selbst:

1. Was ich **noch** nicht kann oder weiß:

Im Zweifel für den Zweifel [25]
Hinterfrage, was du für wahr hältst!

Du findest die Idee komisch? Nun, vielleicht ändert sich das bald. Denn durch den Zweifel können wir Wahrheit festigen und Lügen entlarven. Wir werden jeden Tag mit Informationen bombardiert, die angeblich stimmen – und zwar zweifelsfrei: Wir lesen etwas schwarz auf weiß in einer Zeitung. Wir sehen einen Bericht im Fernsehen, hören einen Beitrag im Radio und glauben, was wir sehen und hören sei die Wahrheit. Doch oft gibt es **die** eine Wahrheit gar nicht. Deswegen ist es spannend, mal zu hinterfragen, was eigentlich sicher ist.

Welche Informationen in deinem Leben sind mit absoluter Gewissheit wahr? Hinterfrage nicht nur Meldungen und Informationen von außen, sondern auch die Gedanken in deinem Kopf. Die halten wir nämlich auch gerne für die einzig wahre Wahrheit. Und diese Haltung beeinflusst unser Verhalten, unsere Kommunikation mit anderen – und auch, wie wir mit uns selbst umgehen.

Hegt zum Beispiel jemand den Gedanken, eine andere Person möge ihn nicht, verhält er sich ihr gegenüber anders – womöglich unsicherer –, als wenn er denkt, die andere Person schätze ihn. Wer denkt, er habe zwei linke Hände, verhält sich auch anders, als wenn er glaubt, er sei talentiert. *Also: Glaube nicht alles – aber glaube immer an dich selbst!*

Zweifel hin und wieder an deinen Gedanken und auch an Informationen von außen. Und sei gespannt, wohin dich diese Zweifel führen, was du auf einmal entdecken und erkennen kannst.

Im Gespräch mit sich selbst

Kritiker: Ha, endlich mal wieder etwas, das mir liegt! Zweifeln kann ich gut!

Coach: Ja, das ist meistens nützlich, dass du das tust! Besonders gut zweifelst du an unseren Fähigkeiten. Das ist oft nicht so hilfreich. Es wäre klasse, wenn du stattdessen öfter an unseren Wahrheiten zweifeln würdest. Ganz besonders an den Wahrheiten, die uns bedrücken. Also an unseren einschränkenden Glaubenssätzen. Und bitte zweifle auch mehr an den angeblich wahren Informationen, die wir von anderen bekommen.

Kritiker: Oh, meine Kompetenzen werden also erweitert. Ich darf noch mehr zweifeln?

Coach: Ja, denn damit eröffnest du uns neue Denkwege und ermöglichst uns neue Verhaltensweisen.

Jetzt motivier ich mich selbst:

1. Wovon ich bisher annahm, es sei die Wahrheit:

2. Erkenntnisse, die ich durchs Zweifeln gewonnen habe:

[26] Alternativen-Entdecker werden

Du hast immer die Wahl – also entdecke mehr Alternativen!

Denkst du manchmal, du hättest keine andere Wahl? Es gäbe nur diese eine Möglichkeit, diesen einen Ausweg? Dann suche so lange, bis du Alternativen entdeckst. Denn es gibt immer noch andere Wege und man hat immer die Wahl!

So wirst du zum Alternativen-Entdecker:

1. Nimm wahr, was sonst noch da ist
Öffne all deine Sinne, weite den Blick, spitze die Ohren, suche eine neue Fährte. Was ist noch da?

Frage dich:
• Was müsste ich tun, damit meine Lage schlimmer wird?
• Wie würde ein Außenstehender meine Situation erleben?
• Wie werde ich in zehn Jahren über die aktuelle Situation denken?

Sofort gewinnst du neue Blickwinkel. *Beachte immer: Je mehr Stress du empfindest, desto enger ist deine Wahrnehmung.*

Bleibe deshalb locker in den Knien, atme aus, entspanne deine Schultern und entdecke neue Sichtweisen.

2. Denke über den Tellerrand
Wir alle haben Vorstellungen, Erwartungen und Befürchtungen von der Zukunft. Lass dich nicht davon einengen. Gewöhne dir an, über den Tellerrand hinaus zu denken. Entwickele zu

jedem deiner Gedanken Alternativen. Wie könnte es noch gehen? Und wie noch? Und wie noch ganz anders?

3. Wenn zwei sich streiten, freut sich der Dritte

Ob in der Ehe, im Beruf oder sonst wo: Bei Meinungsverschiedenheiten treffen zwei unterschiedliche Standpunkte aufeinander. Es gibt scheinbar nur zwei Alternativen. Der Alternativen-Entdecker denkt sich: Vielleicht hat ja keiner von uns beiden recht. Man lockert also die Konfrontation auf, indem man gemeinsam mindestens zwei andere Standpunkte oder Alternativen entwickelt.

Im Gespräch mit sich selbst

Kritiker: So einfach ist das nicht mit den Alternativen! Manchmal gibt es nämlich einfach keine.

Coach: Ja, vielleicht gibt es ein paar Ausnahmen, in denen man wirklich keine Wahl hat. Ich bin mir aber nicht sicher. Gib doch mal ein Beispiel. Wann glaubst du, hat man keine Alternativen?

Kritiker: Nehmen wir an, da lebt jemand mit seiner Familie in einem Haus und muss eine hohe Hypothek abzahlen. Dafür hat er auch einen gut bezahlten Job, aber der Job bereitet ihm gar keinen Spaß mehr. Er würde lieber kündigen und sich voll und ganz seinem Hobby, der Malerei, hingeben. Da er damit aber vermutlich kein oder zu wenig Geld verdient, bleibt ihm nichts anderes übrig, als den Job zu behalten, der ihm keinen Spaß macht. Schließlich trägt er ja die Verantwortung für seine Familie und muss die Hypothek abzahlen. Also hat er keine Wahl.

Coach: Ein spannendes Beispiel – und wahrscheinlich gibt es einige Menschen, die in einer ähnlichen Situation stecken. Doch natürlich gibt es auch hier Alternativen und diese Menschen haben die Wahl!

Kritiker: Na, jetzt bin ich aber gespannt.

Coach: Es ist eine Frage des Preises.

Kritiker: Was für ein Preis?

Coach: Bin ich bereit, den Preis dafür zu zahlen, dass ich einem Job nachgehe, der mir keinen Spaß macht und dafür mit meiner Familie in einem schönen Haus lebe?

Kritiker: Ach, das meinst du ...

Coach: Genau. Oder bin ich bereit, das Haus zu verkaufen, mit meiner Familie in eine Vierzimmerwohnung zu ziehen und meinen beruflichen Traum zu verwirklichen?

Kritiker: Die Frage ist ja, ob die Familie auch dazu bereit wäre!

Coach: Allerdings! Es gibt natürlich noch andere Möglichkeiten: Ich kann einen anderen Job suchen, der mir mehr Spaß macht und mehr Zeit für die Malerei lässt, dafür aber vielleicht nicht ganz so viel einbringt.

Kritiker: Und dafür in Kauf nehmen, dass die Partnerin und die Familie grummeln, weil der Gürtel enger geschnallt werden muss ...

Coach: Ja, vielleicht grummeln sie. Vielleicht auch nicht, weil sie sich darüber freuen, dass der Partner wieder glücklicher und ausgeglichener ist.

Kritiker: Also gut, ich sehe ein, es gibt irgendwie doch immer Alternativen und wir haben die Wahl, wenn wir bereit sind, dafür auch einen Preis zu zahlen.

Coach: So ist es. Und manchmal kann der Preis auch sehr hoch sein.

Jetzt motivier ich mich selbst:

1. In dieser Situation meinte ich bislang, keine Wahl zu haben:

Bloß keine Sorge [27]
Mach dir keinen Kummer – handle lieber!

Natürlich haben wir das eine oder andere handfeste Problem. Das Problem mit den Problemen: Durch unsere Sorgen machen wir sie oft größer, als sie sind. Und manchmal erschaffen wir auch welche, wo eigentlich gar keine sind. Wer sich sorgt, löst kein Problem, sondern verschwendet Gedanken und Kraft. Um Sorgen zu haben, muss man sich Sorgen **machen** – die deutsche Sprache verdeutlicht es wunderbar. Wir machen uns unsere Sorgen selbst. Wir glauben: Wenn wir uns sorgen, zeigen wir, dass wir die Dinge nicht auf die leichte Schulter nehmen. Aber nur durchs Sorgenmachen lösen wir kein Problem. Probleme lösen wir, indem wir handeln. Wenn wir uns sorgen, erzeugen wir Druck, Angst, Ohnmacht, Engsichtigkeit. Keine guten Voraussetzungen, um ins Handeln zu kommen und ein Problem zu lösen.

Sorgen entspringen unseren Gedanken und Vorstellungen, der dunklen Seite unserer Fantasie. Wie oft ist das, worüber man sich gesorgt hat, tatsächlich eingetreten? Nur sehr wenige Sorgen werden tatsächlich wahr. Jede noch so kleine Tat bewirkt mehr als alle Sorgenspinnereien zusammmen. Sorgst du dich gerade um etwas? Dann stelle dir doch mal genau vor,

109

wie alles gut laufen könnte. Denke nur an positive Szenarien. Wie ist das? Vermutlich fühlt sich das besser an … »Aber« … wirst du jetzt vielleicht denken … »Das ist doch Quatsch, da mache ich mir doch nur was vor!« Stimmt. Und mit diesen Sorgen machst du dir genauso etwas vor – nur eben nicht in die positive Richtung, sondern in die negative. Beide Denkweisen entspringen deiner Fantasie. Aber die Wirkung der inneren Bilder und Gedanken ist eine ganz andere. Du hast die Wahl! Für welche Sicht entscheidest du dich?

Mache ein kleines Experiment: Denke an etwas, über das du dir bisher Sorgen gemacht hast. Nimm wahr, wie negativ deine Vorstellungen dazu sind. Nimm dir etwas Zeit, um zu spüren, welche körperlichen Reaktionen diese Vorstellungen hervorrufen. Lass dann diese Bilder, Gedanken und Körperreaktionen an dem Ort, wo du dich gerade befindest. Und zwar wörtlich: Wechsel den Stuhl oder auch nur die Körperhaltung. Nimm eine andere Position ein und stelle dir nun mit demselben Engagement positive Möglichkeiten und Aspekte vor. Du bist es natürlich nicht gewohnt, so zu denken, daher fühlt es sich anfangs vielleicht komisch an. Spür auch hier wieder deine Körperreaktionen. Wie geht es dir dabei. Kannst du deine Situation in diesem Zustand vielleicht besser meistern?

Gestalte deine Zukunft aktiv mit, statt dir über sie Sorgen zu machen! Statt zu sagen, »ich mache mir Sorgen, dass mein Kind keinen Ausbildungsplatz bekommt«, sagst du: »Ich kümmere mich darum, dass mein Kind die optimale Unterstützung bekommt, die es für seine Bewerbungen braucht.«

Jetzt motivier ich mich selbst:

1. Darüber mache ich mir im Moment Sorgen:

_____

_____

_____

2. Das werde ich konkret tun, um etwas zu verändern:

_____

_____

_____

Schlimmer geht's immer ... [28]
Vergrößere deine Probleme, um Lösungen zu finden!

Klingt im ersten Moment nicht so richtig verlockend, oder? Tatsächlich verbirgt sich dahinter jedoch ein effektiver Coaching-Ansatz.

Wir kommen manchmal nicht so recht aus dem Problemdenken heraus. Von Zeit zu Zeit steigern wir uns sogar in eine regelrechte »Problemtrance«. Wir tun uns schwer, eine Lösung zu finden, weil wir den Wald vor lauter Bäumen nicht sehen. Vielleicht auch, weil wir uns ein wenig ohnmächtig fühlen und glauben, wir könnten nichts tun.

Solltest du dich mal wieder in so einem Zustand befinden, dann stelle dir folgende Fragen:

1. Was müsste ich tun, um das Problem zu verschlimmern?
2. Wie müsste ich denken, damit das Problem unlösbar ist?
3. Wie könnten andere mich dabei unterstützen, damit es noch größer wird?
4. Nehmen wir an, die Situation bliebe so, wie sie jetzt ist. Wie wäre es dann in fünf oder zehn Jahren?
5. Was ist das Gute an dem Problem? Wovor schützt es mich? Was bewahrt es?
6. Wofür wäre es gut, das Problem noch eine Weile zu behalten?
7. Wenn das Problem plötzlich weg wäre, ich es aber noch einmal haben wollte, was müssten ich tun?

Diese Fragen verdeutlichen schnell deine Selbstwirksamkeit. Das heißt: Du wirst dir wieder bewusst, dass du selbst etwas bewirken kannst. Denn: *Wenn du eine Situation verschlimmern kannst, heißt das gleichzeitig, dass du die Situation beeinflussen kannst.* Und wenn du in die eine Richtung etwas ändern kannst, dann funktioniert es auch in die andere Richtung. Die Gedankenschleifen werden aufgebrochen und die Synapsen kommen wieder in Bewegung.

Und wenn du die Antworten auf die sieben Fragen einfach nur umkehrst, findest du ganz schnell Lösungen.

Im Gespräch mit sich selbst

Kritiker: Das gefällt mir! Darin bin ich gut!

Coach: Na, bestens! Probiere es doch mal gleich aus.

Kritiker: Na, dann mal her mit einem Problem!

Coach: Wie wäre es hiermit: Mein neuer Chef ist voll daneben, der demotiviert mich so richtig. Ich habe gar keinen Bock mehr, zur Firma zu gehen.

Kritiker: Hi, hi ... das klingt irgendwie komisch, wenn **du** so was sagt.

Coach: Ja, ja ... ist jetzt nur mal so zu Probe. Also bitte schön: Mach es schlimmer!

Kritiker: Es wäre noch schlimmer, wenn mein Chef mir auch noch mein Gehalt kürzen würde ...

Coach: Stop! Das gilt nicht.

Kritiker: Warum nicht?

Coach: Na, weil nicht **du** das Gehalt kürzen würdest, sondern dein Chef. Bleib bei dir! Nur das, was **du** noch verschlimmern könntest. Es geht ja darum, uns wieder unserer Selbstwirksamkeit bewusst zu werden.

Kritiker: Ach so ... hm. Also dann noch mal: Ich könnte alles andere auf der Arbeit ausblenden und mich nur noch auf den blöden Chef fokussieren. Oder noch besser: Ich konzentriere mich nur noch auf die doofen Macken vom Chef. Ich könnte so oft wie möglich daran denken, dass ich komplett von ihm abhängig bin. Ich könnte mir morgens beim Aufstehen schon die Visage des Chefs vorstellen und mir ausmalen, womit er mich wohl heute runterziehen wird. Ich könnte ...

Coach: Super! Das reicht schon.

Kritiker: Schade, ich kam gerade so richtig in Fahrt.

Coach: So, und wenn du jetzt all deine Ideen auf den Kopf stellst, dann findest du eine konkrete Anleitung, wie du die Motivation steigern kannst.

Kritiker: Hey, das ist doch dein Job!

Coach: Okay. Ich wäre motivierter, wenn ich mich nicht nur auf meinen Chef fokussiere, sondern auch wahrnehme, was sonst noch da ist. Zum Beispiel die netten Kollegen oder Kunden.

Kritiker: Aha.

Coach: Ich könnte auch mal nach angenehmen Seiten beim Chef suchen.

Kritiker: Du kannst ihn auch zu deinem Lernpartner machen – das hatten wir doch schon besprochen.

Coach: Auch eine sehr gute Idee!

Kritiker: Na ja, ist schon klar. Wir haben die Verantwortung für unseren inneren Zustand. Und wenn wir das nächste Mal in einem Problem festhängen, dann machen wir es einfach schlimmer, stellen anschließend alles auf den Kopf und haben dann die Lösung.

Coach: Besser hätte ich es nicht ausdrücken können.

Jetzt motivier ich mich selbst:

1. Das ist mein Problem:

2. So kann ich es noch größer und schlimmer machen:

Im Lösen liegt die Lösung [29]
Denke nicht in Problemen, sondern in Lösungen – und lade auch andere dazu ein!

Das lösungsorientierte Denken und Kommunizieren sorgt doch immer wieder für wundervolle Erkenntnisse und Fortschritte. Wenn dir das nächste Mal jemand sagt, er habe ein Problem, dann frage doch mal: »Und was wäre eine gute Lösung?« Wenn der andere dann sagt: »Wenn ich eine Lösung wüsste, würde ich dich doch nicht fragen!« Dann bleibe dran: »Ich kann mir vorstellen, dass du vielleicht schon eine winzige Ahnung hast, wie dieses Problem gelöst werden könnte. Wie könnte die denn in etwa aussehen?« Oder: »Und was glaubst du, wäre meine Idee von einer Lösung?« Diese Fragen helfen, andere zum selbstständigen Denken zu aktivieren. Und wenn der andere dann eben doch von sich aus Lösungsideen hat, stärkt es sein Selbstvertrauen. *Wenn Führungskräfte auf diese Weise ihren Mitarbeitern begegnen, entwickelt sich eine neue Ebene der Kommunikation und der Zusammenarbeit.*

Führungskräfte aktivieren ihre Mitarbeiter zum selbstständigen, lösungsorientierten Denken und verhindern, dass Mitarbeiter wegen jeder Frage zu ihnen kommen.

115

Und es gibt noch eine sehr nützliche, lösungsorientierte Frage: »Was kann ich tun, damit ...?«

Ein paar Beispiele: Die Chefin ist von deinem Vorschlag nicht so richtig überzeugt? Frage sie: »Was kann ich tun, damit Sie von meinem Vorschlag überzeugt sind?« Der Kunde ist von deinem Angebot nicht überzeugt und erzählt immer wieder von den Leistungen deines Wettbewerbers. Frage ihn: »Was kann ich tun, damit Sie mein Angebot annehmen?«

Deine Mitarbeiterin leistet weniger und wirkt demotiviert? Frage sie: »Was kann ich tun, damit Sie wieder richtig durchstarten können?« Oder ganz allgemein: Jemand sagt: »Das geht nicht.« Frage: »Was kann ich tun, damit es geht?« Hier passt auch eine andere gute Frage. Nämlich: »Und wie könnte es vielleicht doch gehen?« Oder: Dein Partner hat wieder einen wichtigen Termin von dir vergessen? Frage ihn: »Was kann ich tun, damit du dir meine Termine merkst?« Und natürlich hilft es, seine inneren Dialoge ebenfalls lösungsorientiert zu gestalten.

Im Gespräch mit sich selbst

Kritiker: Ja, ja ... ist ja gut. Ich fühle mich ja schon angesprochen. Ich bin eben nicht so der Lösungsdenker. Ich denke eher: »Das kannst du nicht.«, »Das schaffst du nicht.«, »Du bist nicht gut genug.«, »Du bist nicht kompetent genug.«, »Du hast zu wenig Erfahrungen.« ...

Coach: Bitte hör auf! Das ist ja gruselig!

Kritiker: Tja, wie es aussieht, muss ich schon wieder eine neue Sprache lernen.

Coach: Was hältst du von einer kleinen Übersetzungsübung?

Kritiker: Ha, ha, ha. Ich kann es kaum erwarten. Mein Herz hüpft vor Freude.

Coach: Ach, komm. Nur so zum Spaß!

Kritiker: **Du** machst mir Spaß.

Coach: Das nehme ich als Kompliment.

Kritiker: Das habe ich befürchtet.

Coach: Also, los geht's. Wir übersetzen deine Problem-Sätze in lösungsorientierte Sätze. Fangen wir an mit »das kannst du nicht«.

Kritiker: Von mir aus. Also: Was kann ich tun, damit ich es kann? ... Was für ein bescheuerter Satz ...

Coach: Egal, mach einfach weiter mit »das schaffst du nicht«.

Kritiker: Wie kann ich es vielleicht doch schaffen? Was kann ich tun, damit ich gut genug bin? Wie kann ich meine Kompetenz steigern? Wie kann ich zu mehr Erfahrungen kommen?

Coach: Erstklassig!

Kritiker: Hm ... ist aber ganz schön anstrengend, so zu denken.

Coach: Klar, ist ja auch noch ungewohnt. Doch diese Fragen öffnen neue Wege, schaffen Optionen. Der Fokus liegt auf dem Ziel, auf dem Ergebnis.

Jetzt motivier ich mich selbst:

1. Meine Erfahrungen mit den lösungsorientierten Fragen:

[30] Müssen ist kein Muss

Ersetze jedes Müssen durch ein Können, Wollen oder Dürfen – beim Sprechen und beim Denken!

Höre deinen inneren Stimmen und anderen Menschen mal genau zu: »Ich muss noch einen Kunden anrufen.«, »Ich muss früh aufstehen.«, »Ich muss erst frühstücken.«, »Ich muss einkaufen gehen.«, »Ich muss meine E-Mails checken.« Manch einer »muss sogar einer Einladung zum Essen nachkommen« oder **muss** noch Urlaub nehmen dieses Jahr, **muss** die Blumen gießen und **muss** Essen kochen ... Achte mal darauf! »Müssen« ist ein sehr beliebtes Wort.

Natürlich gibt es einiges, um das es keinen Weg herumgibt. Doch es ist nicht sinnvoll, jede Tätigkeit als ein Muss zu sehen und dadurch auch als ein Muss zu erleben. Wer ständig etwas **muss**, empfindet seine Handlungen als Pflicht. Sein Leben scheint fremdbestimmt und bietet scheinbar wenige Wahlmöglichkeiten. Aber was wäre eigentlich, wenn wir mal nicht täten, was wir zu tun glauben müssen? Oder anders ausgedrückt: Wenn jemand sagt, dass er seine E-Mails checken **muss**. Was geschähe, ließe er es einfach bleiben?

Verzichte auf das **Müssen** oder ersetze es durch **können, dürfen** oder **wollen**. Unsere Worte beeinflussen nicht nur unsere Gedanken und unsere Sicht der Dinge. Unsere Worte erzeugen auch Gefühle. Höre und fühle den Unterschied: »Ich muss meine E-Mails checken.« oder »Ich will meine E-Mails checken.« Ein anderes Beispiel »Ich muss noch frühstücken.«, oder: »Ich frühstücke noch.« Fühlst du den Unterschied? Dieser Austausch eines einzigen Wortes öffnet uns eine Welt der Wahlmöglichkeiten. Auf einmal treffen wir eigene Entscheidungen.

Wer ein »Ich muss« durch ein »Ich will« ersetzt, der verwandelt den inneren Druck, etwas zu tun, in ein inneres Bedürfnis.

Es ist sehr ungewohnt, auf das **Müssen** zu verzichten, doch lass dich mal für nur eine Woche darauf ein: »Ich will morgen früh aufstehen. Dann kann ich noch frühstücken und dann darf ich zur Arbeit fahren.« Na, wie hört sich das an? Vielleicht etwas komisch? Du meinst, »arbeiten **dürfen**« – das geht nun wirklich zu weit? Du meinst, du **müsstest** ja nun mal arbeiten? Überlege mal: Es gibt genug, Menschen, die **nicht** arbeiten **dürfen** oder **können**.

Wenn du dieses Experiment durchführst, wirst du vermutlich staunen, wie positiv es sich auf deine Motivation auswirkt. Und es wird dir auffallen, wie viele Menschen sich das Leben mit unzähligem **Müssen** erschweren.

Im Gespräch mit sich selbst

Coach: Hallo?

Kritiker: Was soll ich dazu sagen? »Müssen« ist eins meiner Lieblings-
wörter und ich finde das echt schwer, darauf zu verzichten.

Coach: Und?

Kritiker: Was und? Ich muss es halt mal ausprobieren.

Coach: Musst du wirklich?

Kritiker: Ach so ... ich meine natürlich, ich WILL es mal ausprobieren.

Coach: Du machst Fortschritte.

Kritiker: Und ich habe ja schon gelernt, dass es motiviert, wenn man
auf den Fortschritt achtet.

Coach: Nur weiter so!

Jetzt motivier ich mich selbst:

1. Notiere, was du glaubst zu müssen und ersetze das Müssen
durch können, wollen oder dürfen – oder lass es einfach weg.

Ich muss ...

Ich kann ...

Ich muss ...

Ich will ...

Ich muss ...

Ich darf ...

Besinne dich auf das, was du tun kannst (es gibt immer etwas)!

Kennst du Gedanken wie: »Ich schmeiß alles hin!«, »Ich kann nicht mehr!«, »Ich hau ab!«? Solche Gedanken gehören zum Leben und kommen uns vor allem dann in den Sinn, wenn unser Nervenkostüm dünn ist, wenn wir gestresst sind, unausgeschlafen und dann auch noch eine schlechte Nachricht erhalten. Das Leben ist nun mal eine Achterbahn, ein ewiges Auf und Ab – manchmal jauchzen wir vor Freude und manchmal kreischen wir vor Angst.

Doch auch, wenn scheinbar alle Türen hinter uns zu fallen, können wir immer neue Türen öffnen. Vorausgesetzt, wir stehen auf und suchen nach ihnen. *Es geht immer weiter, wenn wir aktiv werden und eigenverantwortlich handeln.*

Wir haben die Wahl: Wir können klagen und jammern oder Pläne schmieden und anpacken. Wir können Widerstand leisten und uns wehren oder unser Leben in die Hand nehmen. Wir können uns sorgen und schwarzsehen oder wir können entdecken und Neues gestalten.

Und noch ein Tipp: Blicke in deinem Leben immer auf das, was geht. Es gibt immer irgendetwas, das funktioniert – und sei es auf den ersten Blick noch so unbedeutend. Zum Beispiel das Auto, das fährt, das Gehalt, das regelmäßig auf dem Konto ankommt, der Körper, der das meiste mitmacht.

Jetzt motivier ich mich selbst:

1. Meine Problemsituation:

2. Was kann **ich** tun, damit es mir ein wenig besser geht?

3. Was brauche ich jetzt?

4. Wie bekomme ich, was ich brauche?

5.
Impulse für dein Handeln

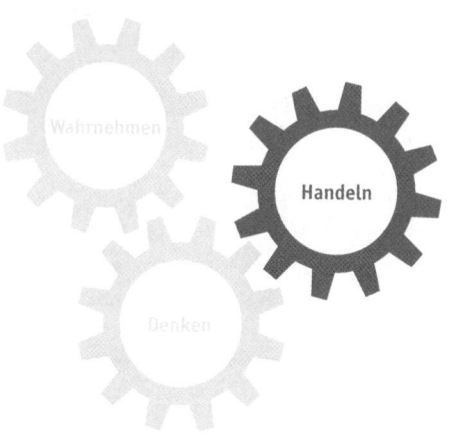

Paul Watzlawick stellte fest, dass wir nicht nicht kommunizieren können. Ebenso wenig können wir uns auch nicht nicht verhalten. Das heißt: Wir verhalten uns immer – ob wir wollen oder nicht. Selbst, wenn wir nichts tun, tun wir etwas – zum Beispiel herumstehen. Und andere Menschen nehmen unser Verhalten wahr, bewerten es und reagieren darauf. Und natürlich sehen sie uns durch ihre eigenen Wahrnehmungsfilter – wie wir im Kapitel »Wahrnehmung« ja schon besprochen haben. Manchmal wirkt unser Verhalten auf eine Person anders, als wir es beabsichtigt haben. In solch einem Fall hilft es nicht, unserem Gegenüber die Schuld zu geben. Wir sollten vielmehr unser Verhalten überdenken und verändern, damit wir so wirken, wie wir es wollen.

Dies ist eine wichtige Grundregel in der verbalen und non-verbalen Kommunikation: Wahr ist immer das, was der andere für wahr hält und versteht. Das Feedback des anderen zeigt uns, was er verstanden hat. Ist es etwas anderes, als das, was wir mitteilen wollten, ändern wir etwas an unserem Verhalten. Anders ausgedrückt: Wir haben immer einen Anteil an der Situation. Daher hilft es, sich in schwierigen Situationen zu fragen: Was ist mein Anteil an dieser Situation? Was trage ich dazu bei, dass sie so ist, wie sie gerade ist?

Wenn du demotiviert bist, frage dich mal, was du tust, oder eben nicht tust, das zu der Situation führen konnte. Wie ist zum Beispiel deine Körperhaltung? Bist du mit deinen Gedanken bei der Sache?

Unser Verhalten wird aber nicht nur von außen wahrgenommen und wirkt auch nicht nur auf andere. Wir erleben unser Verhalten natürlich auch selbst und es wirkt auf unseren inneren Zustand. Führe doch mal ein kleines Experiment durch: Pfeife ein fröhliches Liedchen und nimm dazu eine schlappe, lustlose Körperhaltung ein. Geneigter Kopf, hängende Schultern ... Geht das? Laufe wie ein Sieger durch den Raum, Brust raus, Arme hoch in die Luft strecken und denke dabei an einen großen Misserfolg! Fällt dir sofort einer ein? Setze dich an einen Tisch, stütze den Kopf zwischen die aufgestellten Hände, blicke auf die Tischplatte, seufze ein paar Mal und denke an ein Erfolgserlebnis. Nicht so einfach, oder? Die Körperhaltung beeinflusst Gedanken und Stimmung. Daher ist es für deine Motivation wichtig, zu erkennen, welche Signale dein Körper gerade sendet. Und wenn jede Zelle des Körpers gerade auf der Kein-Bock-Frequenz schwingt, dann wechsel schnell den Sender. Verändere deine Haltung, bewege dich. Lass deine Zellen singen und springen. Das kommt dir albern vor? Umso besser, denn dann kannst du dir ein Grinsen kaum verkneifen!

In den folgenden Kapiteln lade ich dich dazu ein, dir dein Verhalten bewusst zu machen und es gezielt zu verändern, um motiviert das zu tun, was du dir vorgenommen hast.

[32] Tun kommt von Sein
Erkenn deine einschränkenden Glaubenssätze –
und formuliere diese um!

Verhältst du dich so, wie du bist? Ja, ist doch klar! Wie sollst du dich auch sonst verhalten? Die schwierige Frage: Wie bist du denn eigentlich? Und warum bist du so, wie du bist? Und gefällt es dir, so zu sein, wie du bist?

Mit folgenden Fragen kannst du herausfinden, wie du bist:
* Was hast du in deiner Kindheit oft über dich selbst gehört? Was haben zum Beispiel deine Eltern häufig zu dir gesagt?
* Was stand in deinen Schulzeugnissen über dich? Wie schätzten deine Lehrer dich ein?
* Angenommen, man würde deine Oma oder deinen Opa fragen, welche Talente sie in dir sehen. Was würden sie antworten?
* Angenommen, du schreibst eine Kontaktanzeige: Wie würdest du dich selbst beschreiben?
* Was schätzen deine Freunde an dir ganz besonders?
* Was fällt dir leicht, was kannst du gut?
* Wonach fragen dich deine Freunde um Rat?
* Worauf bist du in deinem Leben richtig stolz?
* Was tust du gerne für andere?
* Welche Spuren möchtest du in dieser Welt hinterlassen? Was möchtest du, was deine Enkelkinder später einmal über dich und dein Leben sagen?

Gehen wir deiner Persönlichkeit noch etwas mehr auf den Grund: Was glaubst du?

Jeder Mensch lebt nach seinen Glaubenssätzen. Kennst du deine Glaubenssätze? Spür die Glaubenssätze auf, die dich ausbremsen.

1. Vervollständige spontan folgende Sätze:

Das Wichtigste im Leben ist ...

Liebe ist ...

Ich vermeide Situationen, in denen ...

Glück ist ...

Gefühle sind ...

Ich bin total unbegabt beim ...

Veränderung bedeutet ...

Ich brauche vor allem ...

Ich kann besonders gut ...

Ich habe Angst vor ...

Das Allerschwerste ist ...

Es ist so leicht ...

Erfolg ist ...

Versagen bedeutet ...

Arbeiten bedeutet ...

Am meisten Sorge mache ich mir um ...

Mir fällt es sehr schwer ...

Geld bedeutet ...

Vertrauen ist ...

Schau dir deine Glaubenssätze noch einmal genau an.

- Welcher Glaubenssatz gefällt dir nicht? Welcher bremst dich aus und hindert dich daran, so zu sein, wie du sein willst?
- Wenn du den oder die Übeltäter gefunden hast, überlege, wie genau dieser Glaubenssatz dein Verhalten beeinflusst.
- Und dann finde heraus, wie dieser Glaubenssatz lauten müsste, damit er dir Schwung gibt. Formuliere ihn neu!
- Dann schreibst du dir auf, wie du dich in konkreten Situationen künftig verhältst, wenn du nach dem neuen Glaubenssatz lebst.

Ein Beispiel:
Als Ausbremser entdeckst du den Glaubenssatz: »Ich habe Angst vor Veränderungen.«

Wie beeinflusst dieser Glaubenssatz dein Verhalten? Vielleicht bemühst du dich, alles so zu lassen, wie es ist, hältst dich an Routinen fest und scheust das Unbekannte und Ungewisse. Das bedeutet, dass du dich auch nicht auf die Suche nach einem Job machst, der dir mehr Spaß bereitet, als der, zu dem du dich seit einem halben Jahr jeden Morgen hinquälst.

Wie müsste der Glaubenssatz lauten, damit er dich nicht mehr ausbremst und du dich aktiv für einen neuen Job engagierst? Vielleicht so: »Veränderung können manchmal am Anfang unangenehm sein, aber irgendwann wird auch das Neue zum Vertrauten.« Oder so: »Veränderung sind Chancen, dass sich etwas ändert – vielleicht sogar zum Besseren. Und wenn es nicht besser wird, verändere ich einfach wieder etwas.«

Wie würdest du dich verhalten, wenn du nach diesem neuen Glaubenssatz lebtest? Du würdest Stellenanzeigen lesen, im Internet recherchieren, welche Firmen interessant sind und dich bewerben ...

Jetzt motivier ich mich selbst:

2. Dieser Glaubenssatz bremst mich aus:

3. So beeinflusst er mein Verhalten:

4. Mein neuer Glaubenssatz ist:

Wenn ich danach lebe, verändert sich mein Verhalten auf diese Weise:

Es geht auch anders (man muss es nur machen) [33]
Änder deine schlechten Gewohnheiten, anstatt dich über sie zu ärgern!

Wenn man sich regelmäßig auf eine bestimmte Art verhält, wird daraus eine Gewohnheit. Viele dieser Gewohnheiten sind einem lieb, manche nicht so. Man würde diese ungeliebten Gewohnheiten gerne ablegen, aber fällt immer wieder in das alte Muster zurück, bis man schließlich aufgibt. Das ist menschlich. Gewohnheiten sind ganz eng mit den eigenen Glaubenssätzen verknüpft, sie verstärken sich gegenseitig. Wenn du zum Beispiel glaubst, dass du nicht gut in Mathe bist, greifst du bei jeder kleinsten Rechenaufgabe zum Handy, das ja zum Glück eine Rechnerfunktion hat. Dadurch wiederum rechnest du nicht mehr im Kopf, wodurch die Mathe-Gehirnzellen tatsächlich einrosten – und du deinen Glaubenssatz immer mehr bestärkst. *Wenn du dich anders verhältst als gewohnt, machst du neue Erfahrungen, und es entstehen neue Glaubenssätze.*

Aber Achtung! Gewohnheiten zu ändern und neue Glaubenssätze zu entwickeln, bedeutet manchmal auch, einen Teil seiner Persönlichkeit, seiner Identität zu hinterfragen und vielleicht

131

zu verändern. Man denke zum Beispiel an einen Raucher, der glaubt, dass ein Kaffee ohne Zigarette einfach nicht schmeckt. Nun bricht er seine Gewohnheit und macht eine neue Erfahrung: Er wird Nichtraucher, seine Identität »Raucher« ändert sich zu »Nichtraucher« und er erfährt, dass Kaffee auch ohne Zigarette schmecken kann, wenn er es ein paar Mal versucht und sich auf die neue Erfahrung einlässt. Natürlich wird es am Anfang jede Menge inneren Widerstand geben, denn Ungewohntes fühlt sich anfangs oft unangenehm an und man gerät vorübergehend aus dem Gleichgewicht. Doch irgendwann entsteht aus dieser neue Erfahrung ein neuer Glaubenssatz: Kaffee schmeckt auch ohne Zigarette (vielleicht sogar besser).

Wenn du jetzt auf den Geschmack gekommen bist, dann hole dir doch eine Tasse Kaffee und notiere rechts, welche Gewohnheit du ändern willst.

Im Gespräch mit sich selbst

Kritiker: Dir ist natürlich klar, dass mir das gegen den Strich geht, weil mir Gewohnheiten so eine herrliche Sicherheit geben.

Coach: Ja, das ist das Gute an den Gewohnheiten. Sie sind auch noch so schön bequem. Und weißt du, was dich beruhigen wird?

Kritiker: Was?

Coach: Wir dürfen auch viele Gewohnheiten behalten.

Kritiker: Ich nehme dich beim Wort.

Jetzt motivier ich mich selbst:

Folgende Fragen helfen dir dabei, deine Gewohnheiten zu ändern:

Bewusstheit: Werde dir über dein Verhalten bewusst: Wann machst du was?

Motiv/Sinn: Welchen Sinn hat es, dies zu ändern? Wozu ist es gut, das zu ändern?

Entscheidung: Wann beginnst du?

Tun: Was konkret wirst du (anders) machen?

5. **Willenskraft:** Was hilft dir, wenn du schwach wirst und wieder ins alte Verhaltensmuster zurückfallen willst?

6. **Energieeinsatz:** Bist du bereit, hundert Prozent zu geben? (99 werden nicht reichen!)

7. **Preis:** Was ist der Preis, den du für dein neues Verhalten zahlen musst? Bist du bereit, diesen Preis zu zahlen? Wer oder was könnte gegen deine Veränderung sprechen?

8. **Wiederholung:** Wie oft und wann hast du die Möglichkeit, das neue Verhalten zu leben?

Ernte Dank [34]

Sage deinen Mitmenschen öfter »Danke« – und freue dich über die Wirkung!

Ist dir schon mal aufgefallen, dass im Wort »Gedanke« das Wort »Danke« enthalten ist? Also: Bedanke dich häufiger in Gedanken! Und sage natürlich auch öfter mal Danke! Warst du als Kind auch manchmal ein wenig genervt, wenn dich ein Erwachsener ermahnte: »Wie sagt man? Danke!« Doch wenn man ein paar Jahre reifer ist, erkennt man den wahren Wert dieser erzieherischen Maßnahme. Denn wir beginnen eventuell hier und da, das Danke und die damit verbundene Anerkennung zu vermissen. Vielleicht gehörst du auch zu den Menschen, die gerne mehr Anerkennung von anderen bekommen würden. Mehr Anerkennung vom Vorgesetzten dafür, dass man das Projekt erfolgreich beendet hat, mehr Anerkennung vom Ehemann dafür, dass man das Auto für den Urlaub fit gemacht hat, mehr Anerkennung von der Ehefrau dafür, dass man das Frühstück so liebevoll vorbereitet hat oder, oder, oder.

Wir sind soziale Wesen und wir brauchen Anerkennung. Es tut uns gut, wenn jemand sieht, was wir getan haben und das mit einem Danke auch würdigt. Dank ist die einfachste und doch eine sehr wirkungsvolle Möglichkeit, jemanden anzuerkennen. Und dennoch vergessen wir, uns zu bedanken – auch wenn die Kinderstube noch so gut war. Warum? Weil uns vieles selbstverständlich scheint, einfach, weil es immer da ist. Aber ist es das wirklich?

Bedanke dich doch mal für etwas, das du eigentlich für selbstverständlich hältst: »Danke, dass Sie das Projekt so zuverlässig zum Erfolg geführt haben.«, »Danke, dass du Frühstück gemacht hast!«, »Danke, dass du dich um das Auto kümmerst.« Kannst du dir vorstellen, wie gut das dem anderen tut? Er fühlt sich wahrgenommen und anerkannt.

Wichtig ist, dass du es aufrichtig meinst und sehr präsent bist, wenn du das sagst, also die Person wirklich ansiehst und durch deine gesamte Haltung deine Wertschätzung und Dankbarkeit rüberbringst. Vielleicht ist die Person zunächst etwas irritiert, weil sie es nicht gewohnt ist. Es tut ihr dennoch ganz bestimmt gut, wenn du es aufrichtig meinst. Und weißt du, was wundervoll ist? *Wenn du mehr Dankbarkeit in das Miteinander einfließen lässt, kommt es auch irgendwann zurück.*

Und dann tut es auch dir gut – gesehen und gewürdigt zu werden für das, was du tust.

Und nicht zuletzt wissen wir aus der Glücksforschung, dass Menschen, die viel Dankbarkeit empfinden, glückliche Menschen sind. Tu also etwas für dein Glück!

Im Gespräch mit sich selbst

Kritiker: Danke für diesen Tipp!

Coach: Gerne!

Kritiker: Ist das alles?

Coach: Was erwartest du denn noch?

Kritiker: Na, ich dachte, wenn ich dankbar bin, kommt die Dankbarkeit zu mir zurück. Also dachte ich, dass du dich jetzt bei mir auch mal bedankst.

Coach: Verstehe. Wenn du dich nur bedankst, damit sich andere dann auch bei dir bedanken, hast du den Sinn des Dankens noch nicht ganz erfasst.

Kritiker: Ist ja schon gut. Ich weiß, da steht, »irgendwann« kommt es auch zu mir zurück. Und es macht mich ja schließlich glücklich, wenn ich mehr Dankbarkeit empfinde, richtig?

Coach: Richtig.

1. Bei dieser Person kann ich mich für Folgendes bedanken:

Trainieren statt ärgern [35]
Suche im Alltag nach Chancen, dich zu verbessern – und (fast) alles wird gut!

Wir alle erleben Situationen, die uns ärgern oder sogar belasten, die wir aber nicht sofort oder überhaupt nicht ändern können: Auf dem Weg zur Arbeit nimmt uns jemand die Vorfahrt, während der Präsentation nervt ein Kollege mit blöden Fragen, zu Hause streikt die Geschirrspülmaschine. Wenn du in so eine Situation gerätst, dann frage dich, was du in diesem Moment trainieren kannst. Welche Fähigkeiten kannst du hier verbessern? Vielleicht bietet dir die Situation die Chance, deine Geduld zu trainieren? Oder Toleranz? Vielleicht kannst du dein Verhandlungsgeschick üben? Oder dein Selbstbewusstsein stärken? Oder Gelassenheit? Oder Kreativität?

Welche Herausforderung auch immer wir zu bewältigen haben: Sobald wir sie als Trainingschance begreifen, erscheint sie uns in einem ganz neuen Licht. Und vielleicht freuen wir uns dann sogar ein klein wenig darauf. *Trainiere in schwierigen Situationen, deine Gedanken zu kontrollieren, sodass deine Gedanken nicht dich kontrollieren können.* Und schon machst du das Beste aus einer blöden Situation.

Im Gespräch mit sich selbst

Kritiker: Okay, hier soll also Sch... zu Gold gemacht werden. Könnte ich dafür mal ein Beispiel haben, damit es etwa konkreter wird?

Coach: Gerne! Stell dir folgende Situation vor: Die Chefin hat uns noch einen ordentlichen Packen Arbeit auf den Tisch gelegt – am Freitagabend! Und Montagmorgen soll das alles fertig sein.

Kritiker: Ja, ich kann mir das glasklar vorstellen. Wir sind dann natürlich stinksauer.

Coach: Genau! Doch diese Wut ist ein schlechter Begleiter, wenn wir konzentriert arbeiten wollen.

Kritiker: Klar, denn da singe ich doch gleich mit ein paar Kollegen zusammen im Chor: »Was soll das?«, »Die hat doch was gegen mich!«, »Das schaffe ich nie bis Montag!«, »Die hat doch was an der Birne!«, »Schikane!« und, und, und.

Coach: Ja, diese Leier kenne ich. Auch der Jammerlappen hat dabei seinen großen Auftritt. Und damit helft ihr uns überhaupt nicht weiter! Deshalb werde ich euch beim nächsten Mal stoppen.

Kritiker: Ach, ja? Und wie?

Coach: Ich rufe einfach »Stopp!« und verbiete euch das Wort.

Kritiker: Wie nett von dir.

Coach: Und dann überlegen wir uns, welche Fähigkeiten wir in dieser Situation trainieren können.

Kritiker: Ha, als wenn das so einfache wäre!

Coach: Am Anfang ist es natürlich nicht so einfach, weil es ungewohnt ist. Aber ich bin mir sicher, uns wird schon etwas einfallen. Zum Beispiel, dass dies eine gute Gelegenheit ist, unsere Konzentration zu verbessern, damit wir so schnell wie möglich fertig werden. Also trainieren wir in dieser Situation, hoch effektiv und konzentriert zu arbeiten und uns nicht von unnützen Dialogen zwischen dir und dem Jammerlappen und all den anderen ablenken zu lassen.

Kritiker: Oder wir trainieren unsere Fähigkeit, »nein« zu sagen und erklären, dass wir das erst Montagmittag erledigt haben.

Coach: Das wäre auch eine spannende Trainingseinheit!

Jetzt motivier ich mich selbst:

1. Diese Trainingschancen habe ich erkannt:

2. Diese Fähigkeit habe ich auf diese Weise trainiert:

[36] Auf die Dosis kommt's an

Stell dich den Herausforderungen, die deinen Möglichkeiten entsprechen – und vermeide Unter- und Überforderung!

Wenn wir Herausforderungen bewältigen und dabei unsere Grenzen überwinden und unsere Kompetenzen weiterentwickeln, empfinden wir eine starke Motivation – ja sogar Glück. Was viele nicht wissen: Die meisten Menschen erleben diese Glücksgefühle öfter während der Arbeit als in der Freizeit. Denn bei der Arbeit bewältigen sie immer wieder neue Aufgaben. Wer zum Beispiel ein Projekt zu Ende bringt, obwohl genau das vor ein paar Tagen noch aussichtslos schien, der empfindet großes Glück. In der Freizeit erleben wir diese Glücksgefühle natürlich auch – etwa, wenn uns ein Hobby immer wieder an und über unsere Grenzen treibt. *Wir sind motiviert, wenn wir zur Lösung eines Problems unsere Fähigkeiten einsetzen und ein wenig über uns hinauswachsen können.*

Manchmal gehen wir sogar ganz in solch einer Herausforderung auf – dann spricht man vom Flow. Dieser Zustand stellt sich ein, wenn wir unsere persönliche Grenze überschreiten und uns auf eine Auseinandersetzung mit Schwierigkeiten einlassen oder ein gewisses Risiko eingehen. Um den Flow zu erreichen, sollte uns eine Aufgabe so richtig fordern. Dennoch sollten wir nie das Gefühl haben, dass es absolut unmöglich ist, diese Aufgabe zu bewältigen.

Wenn wir vor einer Herausforderung stehen, die uns völlig überfordert, weil uns zum Beispiel bestimmte Fähigkeiten fehlen oder die Zeit viel zu knapp ist oder, weil wir keine Ahnung haben, wie und wo wir anfangen sollen, dann sind wir demotiviert. Das gilt genauso, wenn wir uns langweilen, weil uns eine Aufgabe vollkommen unterfordert und wir unsere Fähigkeiten kaum einbringen können. Im schlimmsten Fall führt das zum Bore-out-Syndrom, das Gegenstück zum Burn-out.

Vor diesem Hintergrund wird auch klar, warum es nicht einfach ist, sich zu alltäglicher Routinearbeit zu motivieren. Denn Keller ausmisten, Posteingang durcharbeiten und Co. bescheren uns nicht gerade ein Flow-Erlebnis. Da hilft dann einfach nur Disziplin. Es muss eben gemacht werden. Augen zu und durch. Dabei hilft, sich auf das gute Gefühl zu freuen, wenn wir es endlich erledigt haben.

Wenn du hingegen im Job oder in der Freizeit dauerhaft einen Mangel an Motivation spürst, dann frag dich, ob die Aufgaben dich möglicherweise unter- oder überfordern. Fühlst du dich überfordert, dann überlege, welche Fähigkeiten du noch brauchst und wie du dir diese aneignen kannst. Oder bitte jemanden um Hilfe. Fühlst du dich unterfordert, dann überlege, wie du die Aufgabe anders gestalten kannst, damit du mehr gefordert bist. Oder du übergibst die Aufgabe jemand anderem, der dabei vielleicht sogar Spaß hat, weil er seine Fähigkeiten dort einbringen kann.

Im Gespräch mit sich selbst

Kritiker: Wie soll man bitte sehr eine langweilige Aufgabe anders gestalten, damit sie einen mehr fordert?

Coach: Gib mir bitte mal ein konkretes Beispiel.

Kritiker: Oh, da fällt mir doch gleich diese ätzende Reisekostenaufstellung ein, die wir jeden Monat vor uns herschieben.

Coach: Na, das ist ganz einfach. Bei so einer bürokratischen Fleiß-arbeit kann man sich zum Beispiel einem kleinen Wett-bewerb stellen und sich ein Zeitlimit setzen, bis wann die Aufstellung fertig sein muss. Dann ist man gezwungen, sehr effektiv zu arbeiten und freut sich, wenn man das Zeitlimit einhalten konnte oder vielleicht sogar unterschritten hat. Außerdem ist es ein hilfreicher Gedanke, wenn man weiß, in dreißig Minuten ist es schon vorbei.

Jetzt motivier ich mich selbst:

1. Aufgaben, die mich unterfordern und langweilen:

2. So könnte ich diese Aufgaben anders gestalten:

3. An diese Person könnte ich die Aufgabe abgeben:

4. Aufgaben, die mich überfordern:

5. Diese Fähigkeiten bräuchte ich noch dazu:

6. So kann ich mir diese Fähigkeiten aneignen:

7. Diese Personen könnte ich um Hilfe bitten:

143

[37] Willkommen in der Stretching-Zone
Raus aus den Routinen – habe Mut zu Neuem!

Jetzt fragst du dich vielleicht: Wozu soll das denn gut sein? Antwort: Zum Beispiel für dein Gehirn! Wird dieses täglich mit Altbekanntem, mit Routinen konfrontiert, muss es sich nicht besonders anstrengen, denn es schaltet einfach auf Autopilot. Soll heißen: Alles, was wir kennen, wird quasi automatisch vom Gehirn abgearbeitet, ohne dass es sich aktiv damit auseinandersetzen muss. Die Folge: Unsere Gehirnzellen rosten in ihren festgefahrenen Bahnen langsam ein. Wessen Hirn meistens im Autopilot-Modus läuft, den beschleicht zudem ein Gefühl wie: »Ich lebe an meinem Leben irgendwie vorbei.« oder »Nicht ich lebe mein Leben, sondern mein Leben lebt mich.« Kein schönes Gefühl.

Seine Routinen zu verlassen erfordert natürlich etwas Mut. Wann warst du zuletzt mal so richtig mutig? Oder wenigstens ein bisschen? Kürzlich mal ein winziges Risiko eingegangen? Dich auf etwas eingelassen, von dem du nicht wusstest, wie es enden wird? Mal das Unerwartete erwartet? Probiere es aus! Es macht dich lebendig! Sich auf etwas Unbekanntes einzulassen, sich zu engagieren, sich zu zeigen, sich der Gefahr einer Blöße auszusetzen, jenseits der bekannten Pfade Neues zu entdecken, macht lebendig und es bereitet Spaß! Außerdem fördert es deine Flexibilität und dein Selbstvertrauen.

Verlasse öfter mal deine Komfortzone, also deine eingefahrenen Verhaltensweisen, und wage einen Schritt in die Stretching-Zone. Das ist der Bereich, in dem du dich weiterentwickelst und Neues lernst. Man muss es natürlich nicht übertreiben und sich gleich in die Panikzone begeben, denn das stresst nur unnötig. Doch so ein bisschen Stretching ist gut. Steigere die Flexibilität deines Gehirns, indem du ihm Informationen anbietest, die es nicht kennt oder nicht gewohnt ist. Deine mentalen Fähigkeiten kannst du durch entsprechende Übungen trainieren – genau wie Muskeln durch Krafttraining.

Im Gespräch mit sich selbst

Kritiker: Und wie soll das gehen?

Coach: Ganz einfach: Der Alltag ist unsere Spielwiese. Zum Beispiel: Wechseln wir mal die Sitzordnung am Frühstückstisch oder die Liegeordnung im Ehebett.

Kritiker: Die Seiten im Bett tauschen?! Ach, herrje!

Coach: Ja, du wirst staunen, welche Auswirkungen das haben kann!

Kritiker: Ich will nicht darüber nachdenken. Geht's noch etwas weniger radikal?

Coach: Wir können die Zähne mit der anderen Hand putzen, eine Treppe rückwärts hochlaufen, mit geschlossenen Augen duschen.

Kritiker: Das ist doch alles albern!

Coach: Klar, dass du so denkst. Wie wäre es dann damit: Wir fahren einen anderen Weg zur Arbeit.

Kritiker: So ein Quatsch! Dann dauert es doch viel länger!

Coach: Wir stehen früher auf ...

Kritiker: Oh Gott!

Coach: Oder wir kaufen unsere Frühstücksbrötchen bei einem anderen Bäcker, wir probieren ein exotisches Essen oder legen uns einfach mal die Armbanduhr ums andere Handgelenk.

Kritiker: Na, das könnten wir ja mal ausprobieren.

Coach: Es gibt noch mehr: Wir beginnen mit einem neuen Sport, lernen eine neue Sprache, reisen in eine fremde Stadt und erkunden sie ohne Stadtplan.

Kritiker: Anstrengend!

Coach: Eben, dann merkst du mal wieder, wie unsere grauen Zellen zeigen können, was sie drauf haben! Und jetzt die Kür: Wir besuchen einen Improvisationstheater-Workshop.

Kritiker: Na, das hat gerade noch gefehlt!

Coach: Genau! Das ist nämlich allerbestes Training, um aus den verkrusteten Denkbahnen auszubrechen, weil das Unerwartete immer und überall lauert und man schnell darauf reagieren muss.

Kritiker: Also, ich habe kapiert, dass die Konfrontation mit Neuem, mit Ungewohnten unser Gehirn in die Lage versetzt, neue Spuren auszubilden. Und das hält einen im Kopf flexibel und fit. Aber lass es uns bitte langsam angehen – sonst bekommen wir Muskelkater im Kopf.

Coach: Also gut, was schlägst du vor?

Kritiker: Tragen wir doch die Uhr mal am anderen Handgelenk und gehen morgen in der Mittagspause mal dieses Bistro ausprobieren, an dem wir schon seit Jahren immer vorbei gehen.

Coach: Einverstanden! ...

Kritiker: Irgendwie habe ich das Gefühl, du willst noch was ...

Coach: Das stimmt.

Kritiker: Na, los ... raus mit der Sprache.

Coach: Na ja, wir sprachen vorhin vom Mut und von der Stretching-Zone.

Kritiker: Alles klar, ich weiß, worauf du hinaus willst. Du meinst, die Uhr am anderen Handgelenk zu tragen und das Bistro auszuprobieren erfordert nicht genug Mut und bringt uns nicht gerade in die Stretchingzone?

Coach: Ganz genau!

Kritiker: Oh je. Also, was hast du jetzt vor?

Coach: Eine kleine Peinlichkeit in dieser Woche.

Kritiker: Ich ahne Grauenvolles. Wie soll das konkret aussehen?

Coach: Ab und zu fordern wir unseren Mut heraus und tun etwas, was man doch eigentlich nicht tut. Wir brechen ein wenig die Regeln und machen dadurch ganz neue Erfahrungen und stärken unser Selbstvertrauen.

Kritiker: Sollen wir auf dem Marktplatz tanzen?

Coach: Das würde vielleicht schon ziemlich viel Mut brauchen. Wir können es auch etwas langsamer angehen.

Kritiker: Und wie?

Coach: Wir bringen dem Türsteher vom Klub einen Kaffee. Wir gehen zum Friseur und sagen: »Machen Sie einfach mal irgendwas ganz anderes, ich lass mich überraschen.« Wir bedanken uns bei unserem Telefonanbieter, dass die Rechnungen der letzten Monate alle stimmen und es keine einzige Störung gab. Wir rufen beim Abonnenten-Service unserer Zeitschrift an, die wir schon seit Jahren beziehen, und sagen, wir hätten gerne die Uhr, die die Neukunden im Moment bekommen. Wir setzen im Frühjahr die Weihnachtsmannmütze auf und gehen damit durch die Stadt, wir können in der U-Bahn einfach mal laut lachen und das mindestens bis zur nächsten Station durchhalten, wir können den Marktstandinhaber am Ende des Markttages fragen, ob wir ihm beim Abbauen und Einpacken helfen können. Wir können das Ehepaar am Nachbartisch im Restaurant fragen, wie sie sich kennengelernt haben, wir können in einem Fahrstuhl jede Person, die neu rein kommt, freundlich mit Handschlag begrüßen ...

Kritiker: Okay, das reicht. Ich habe kapiert. Ab und zu mal was Ungewöhnliches machen und damit seine Mut-Muskeln trainieren.

Coach: So ist es. Am besten macht man sich eine Liste mit kleinen Verrücktheiten, die man mal machen kann, vielleicht auch mit jemandem zusammen, und dann los. Das macht Spaß!

*»Tu deinem Leib etwas Gutes, damit deine Seele
Lust hat, darin zu wohnen.«*

Teresa von Ávila (1515 – 1528), Mystikerin

Kritiker: Ich weiß nicht ...

Coach: Probier es einfach mal aus!

Jetzt motivier ich mich selbst:

1. Das habe ich anders gemacht als sonst:

2. Und diese kleinen Verrücktheiten will ich demnächst ausprobieren:

Den Alltag beschwingen [38]
Bewege deinen Körper – wann und wo immer es geht!

Keine Sorge, jetzt kommt kein mahnender Zeigefinger oder so was wie: »Du solltest mehr Sport treiben!« Nein, es geht darum, dass du kreativ und spielerisch ausprobierst, was für kleine und gar nicht so anstrengende Extra-Bewegungen du in deinen Alltag einbauen kannst. Nach dem Motto: Bewegung, wo immer es geht. Und damit meine ich jetzt nicht nur, dass du konsequent die Treppe gehst, statt den Fahrstuhl zu nehmen – wobei das natürlich auch eine gute Idee ist. Aber es gibt noch viele andere Möglichkeiten: *Werde kreativ und bewege, was immer gerade geht, wann immer es geht.*

Hier einige Beispiele:

Wenn du morgens aufwachst, streck intensiv deine noch müden Glieder. Du kannst dich dabei auch von Katzen oder Hunden inspirieren lassen. Wenn du dann das erste Mal auf den Füßen stehst, reckst und streckst du dich zur Decke hoch. Strecke deine Arme, gehe auf die Zehenspitzen. Als wenn du nach einem leckeren Apfel am Baum greifen wolltest.

Beim Zähneputzen stehen wir normalerweise drei Minuten einfach nur rum. Nutze die Zeit und **trainiere dein Gleichgewicht.** Steh jeweils eineinhalb Minuten auf nur einem Bein oder wippe auf den Zehen – und trainiere so die Wadenmuskulatur. Oder mach drei Minuten lang Kniebeugen.

Trainiere deine Halsmuskeln. Diese müssen den ganzen Tag über deinen etwa fünf Kilo schweren Kopf tragen. Kein Wunder, dass die sich verspannen, woraus dann auch Kopfschmerzen resultieren können. Die Halsmuskeln kannst du ganz leicht trainieren, indem du beim Haarewaschen unter der Dusche nicht mit den Händen die Kopfhaut massierst, sondern anders herum die Hände stillhältst und stattdessen den Kopf unter deinen Händen bewegst.

Nutze Momente, in denen du still sitzt: Zum Beispiel im Auto vor einer roten Ampel oder im Stau. Oder wenn du schon eine Weile am Schreibtisch sitzt. Kreise in solchen Situationen einfach mal einige Runden mit den Schultern.

Im Gespräch mit sich selbst

Kritiker: Ist ja ziemlich albern – aber schaden tut es wohl nicht.

Coach: Stimmt! Und albern ist gut, weil es uns zum Schmunzeln bringt und das hebt die Stimmung!

Kritiker: Ich wusste, dass du noch einen draufsetzt ...

Jetzt motivier ich mich selbst:

1. Meine außergewöhnlichen Bewegungsideen:

2. Diese Extra-Bewegungen probiere ich jetzt aus:

[39] Eigenlob stimmt
Sieh deine Erfolge – und klopfe dir auf die Schulter!

Natürlich ist es wunderbar, wenn man von anderen Anerkennung und Lob bekommt. Wenn wir uns jedoch zu sehr von dieser Anerkennung abhängig machen, besteht die Gefahr, dass wir unglücklich und unsicher werden. Sogar unser Selbstwertgefühl kann darunter leiden.

Anstatt die Anerkennung von anderen zu brauchen, wäre es besser, sich selbst welche zu schenken – und sich darüber hinaus Anerkennung von anderen als zusätzlichen Bonus zu wünschen.

Dadurch steigerst und stabilisierst du dein Selbstwertgefühl und machst dich unabhängig von der Anerkennung anderer. Probiere es aus. Achte auf die vielen kleinen und großen Dinge, die dir gut gelungen sind, die du getan hast, obwohl du gar nicht so recht Lust dazu hattest. Erkenn all deine Stärken an, etwa deine Aufmerksamkeit, deinen Überblick, deine Organisation, deine Kompetenz. Würdige deine kleinen und großen Erfolge. Wie das geht? Ganz einfach: Sage zu dir selbst: »Das hab ich gut gemacht!« Oder klopfe dir auf die Schulter und sage dir: »Weiter so!« Lobe dich einfach so, wie du gerne von anderen gelobt wirst.

Vielleicht willst du dich auch mal ganz bewusst belohnen? Dir etwas Schönes gönnen? Was täte dir gut? Tu es – du hast es verdient! Und wenn du dir was wirklich Gutes tun willst, empfehle ich dir, ein Lobbuch zu führen. Besorge dir ein schönes Notizbuch und schreibe dort auf die linke Seite jeden

Abend ein bis drei Punkte rein, für die du dich lobst. Und auf die rechte Seite schreibst du, wie andere dich gelobt haben. Kannst du dir vorstellen, wie gut es dir tun wird, in diesem Lobbuch zu blättern und zu lesen? Es bewirkt kleine Wunder! Besonders, wenn du mal nicht so gut drauf bist.

Also, richte deine Aufmerksamkeit auf all das, was dir gut gelingt, was du gut gemacht hast und lobe dich selbst dafür – am besten schriftlich in deinem Lobbuch!

Im Gespräch mit sich selbst

Kritiker: Das ist nix für mich! Sich schriftlich beweihräuchern und sich dann auch noch selbst auf die Schulter klopfen! So was Bescheuertes!

Coach: Das ist mir klar, dass du da nicht mitmachen willst. Das ist gegen deine Natur. Es wäre schon hilfreich, wenn du dich einfach mal zurückziehst und es uns dadurch leichter machst, uns selbst zu loben und vielleicht auch mal auf die Schulter zu klopfen.

Kritiker: Alles klar, das kriege ich hin. Ich drehe mich um und ihr könnt dann mit der Lobhudelei starten.

Coach: Danke.

Jetzt motivier ich mich selbst:

1. Das habe ich in meinem Leben schon gut hingekriegt:

[40] Vom Ja-Sagen zum Nein-Sagen

Lehne ab, was du nicht tun willst – wenn der Preis für dich akzeptabel ist!

Manchmal ist es notwendig, »nein« zu sagen, wenn wir unsere eigenen Bedürfnisse und Interessen berücksichtigen wollen. Dennoch fällt es uns oft schwer – und hinterher ärgern wir uns darüber. Weil unser »ja« unsere Pläne über den Haufen wirft oder weil wir schlicht keine Lust haben oder vielleicht sogar, weil wir uns ausgenutzt fühlen. Manchmal schwören wir uns, dass es das letzte Mal war und dann ... na ja ... wir sind eben so, wir können nicht anders. Oder vielleicht doch?

Was treibt uns dazu, »ja« zu sagen, obwohl wir eigentlich »nein« meinen? Es geht mal wieder um die Frage, welchen Preis wir bereit sind zu zahlen. Wenn wir »nein« sagen, zahlen wir den Preis, die Erwartungen eines Menschen zu enttäuschen. Wir zahlen den Preis, dass es vielleicht einen Konflikt gibt. Oder wir zahlen den Preis, dass wir von einem Menschen keine Anerkennung bekommen, wenn wir seinem Wunsch oder seiner Bitte nicht nachkommen. Doch wenn wir »ja« sagen, sagen wir meistens »nein« zu uns selbst, zu unseren Bedürfnissen. Und auch das hat einen Preis.

Hier sind drei Tipps, wie du »nein« sagen kannst:

1. Begründe das Nein

»Ich kann das heute nicht erledigen, weil ich einen anderen wichtigen Termin habe ...«

2. Das bedingte »Ja«: Stimme zu und stelle eine Bedingung

»Das kann ich machen, **wenn** du dafür die Kinder abholst ...«

3. Teilzusagen

Du stimmst einigen Teilen zu, andere Teile lehnst du mit Begründung ab. »Okay, ich schreibe den Bericht – den Termin mit Herrn Meyer kann ich dann aber nicht übernehmen.«

Du hast immer die Wahl zwischen »ja« und »nein«. Handel so, dass es sich für dich gut anfühlt, den Preis zu zahlen und achte auf deine eigenen Bedürfnisse.

Jetzt motivier ich mich selbst:

1. Dazu habe ich »nein« gesagt:

Die dickste Kröte zuerst [41]
Starte den Tag mit der unangenehmsten Aufgabe – und freue dich auf den Rest!

Was soll das denn? Sind wir doch mal ehrlich: Wir schieben unangenehme Dinge vor uns her, schieben und schieben, drücken uns ganz erfolgreich, **obwohl** wir wissen, dass diese Aufgaben dadurch eher noch unangenehmer werden und unser

155

schlechtes Gewissen an uns nagt. Das sind sie – unsere ungeliebten Kröten.

Doch diese Woche packst du die Kröten bei den Schenkeln! Und zwar gleich als Start in den Tag:

Beginne mit dem Unangenehmsten. Ist diese Kröte erst mal weg, erscheint alles andere viel leichter.

Und der Rest des Tages wird dir umso besser von der Hand gehen. Freue dich auf das wunderbare Gefühl, wenn du die aufgeschobenen Dinge endlich mal angepackt hast. Und wenn eine Kröte mal viel zu groß und fett ist, dann teile sie auf mehrere Tage auf.

Und noch ein Tipp: Bevor du abends aufhörst zu arbeiten, fertige dir eine kleine Liste an, in der du vermerkst, worauf du so gar keine Lust hast. Diese Liste lässt du auf dem Schreibtisch liegen und verabschiedest dich in den Feierabend. Am nächsten Morgen kommst du an deinen Arbeitsplatz zurück und beginnst direkt mit der ersten Kröte. Wenn du sie erledigt und durchgestrichen hast, fordere dich selbst heraus: Packst du auch noch eine weitere Kröte auf der Liste an? Wie viele Kröten schaffst du an diesem Morgen? Was für ein Gefühl wird es wohl sein, wenn du diese Kröten-Punkte auf der Liste durchgestrichen hast? Mit welchem Schwung gehst du dann an die Aufgaben, die dir Spaß machen und leicht von der Hand gehen? Du wirst sehen: Sobald du dir einmal den Schub gegeben hast, mit dem Nervigen und Unangenehmen zu beginnen, fällt alle darauf folgende Arbeit so richtig leicht. Du bist beschwingt und gut drauf, weil du den größten Mist schon abgeräumt hast. Und wenn nachmittags dann wieder Dinge reinkommen, auf die du so gar keine Lust hast, packst du die einfach auf die Kröten-Liste für den nächsten Morgen. So wird sogar das, was am wenigsten Spaß macht, zur machbaren Gewohnheit.

Jetzt motivier ich mich selbst:

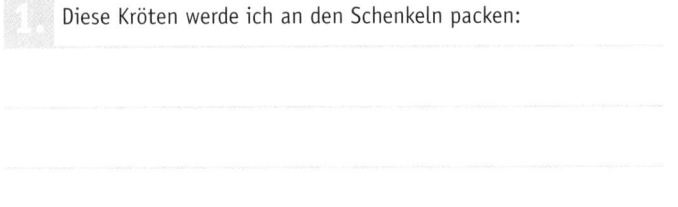

1. Diese Kröten werde ich an den Schenkeln packen:

Bumerang des Guten [42]
Gib mehr, als du nimmst – und du bekommst, was du brauchst!

Wir definieren unser Ich oft über das Du – also darüber, wie andere uns sehen, was sie über uns denken, was sie uns geben, was sie an uns schätzen. Dadurch machen wir uns von ihnen abhängig, was uns manchmal nicht besonders gut tut. Es kommt zum Beispiel vor, dass wir etwas vermissen, etwas brauchen. Zum Beispiel mehr Wertschätzung oder Anerkennung, mehr Liebe, mehr Aufmerksamkeit. Und wir beginnen zu suchen, wer uns das alles geben könnte. Wir fangen vielleicht sogar an, uns zu beklagen, dass unser Partner oder unsere Partnerin uns etwa nicht genug Liebe oder Aufmerksamkeit gibt. Oder unser Chef uns zu wenig lobt.

Noch ein anderes Beispiel: Einer meiner Seminarteilnehmer klagte einmal, dass heutzutage die Kunden nicht mehr richtig zuhören würden. Ich fragte ihn daraufhin, ob **er** denn seinen Kunden gut zuhören könne, was er sofort bestätigte. Als ich ihn aber fragte, woran seine Kunden denn erkennen könnten, dass er gut zuhört, wurde er etwas nachdenklicher ... Und er ahnte, dass seine Kunden das gar nicht so deutlich merken können, da er meistens mehr redet als sie.

Mein Vorschlag: *Wonach auch immer du dich sehnst, schenke genau das deiner Umwelt – und zwar reichlich.*

Du vermisst Lob und Anerkennung? Schenke deinen Mitmenschen besonders viel Anerkennung. Du brauchst mehr Liebe? Zeige und gib Liebe, so viel du kannst.

Und wenn du das tust, dann erwarte bitte nicht, dass es **sofort** zurückkommt. Es braucht manchmal ein wenig Zeit, doch sei dir sicher: Irgendwann kommt es von irgendwem zurück.

Jetzt motivier ich mich selbst:

1. Davon hätte ich gerne mehr, daher werde ich es reichlich an andere geben:

»Man« über Bord [43]

Stelle klar, wer was tun soll, stehe zu dem, was du sagst und verstecke dich nicht hinter einem »man«!

Hörst du auch öfters Sätze wie: »Man sollte frischen Tee kochen.«? Da stellt sich die Frage: Wer genau ist »man«? Wer fühlt sich angesprochen? Niemand. Und wer macht's? Auch niemand. Ein anderes Beispiel: Die Chefin sagt: »Man sollte sich was überlegen, wie man neue Kunden gewinnen kann.« Wer überlegt sich dann was?

Mein Tipp: Sei verbindlich und sprich die Personen konkret an – sonst tut sich gar nichts.

Also: »Herr Soundso, sind Sie bitte so nett und kochen frischen Tee?« Oder: »Wir brauchen frischen Tee. Wer kann sich darum kümmern?« und »Frau Soundso, bitte machen Sie sich ein paar Gedanken, wie wir neue Kunden gewinnen können.«

Sogar, wenn wir uns selbst meinen, sagen wir manchmal »man«: »Man müsste öfter mal an die frische Luft gehen.«, »Man sollte auch mal tun, was man sich immer vornimmt.«, »Man kann ja nicht alles auf einmal machen!«, »Man will ja auch mal entspannen.« Wer so spricht, bezieht keine Stellung – das ist schwach und unpersönlich. Ganz anders klingt es so: »Ich möchte öfter mal an die frische Luft gehen.«, »Ich möchte das tun, was ich mir vorgenommen habe.«, »Ich will auch mal entspannen.«

Lade deine Mitmenschen ein, persönlich Stellung zu nehmen, indem du nachfragst. Dadurch gewinnt das Gespräch eine persönliche Ebene. Sagt zum Beispiel ein Kollege: »Man kann ja nicht alles auf einmal machen«, kannst du nachhaken: »Was ist **Ihnen** denn so wichtig, dass Sie es auf jeden Fall machen wollen?« Meint dein Gegenüber: »Man sollte sich nicht immer alles so zu Herzen nehmen.«, kannst du fragen: »Was wollen **Sie** sich nicht so zu Herzen nehmen?«

Vermeide das »man« in deiner Sprache und beziehe klare Position. Sprich über dich!

Jetzt motivier ich mich selbst:

1. Bei diesen Man-Sätzen habe ich mich ertappt:

2. Diese Man-Sätze höre ich häufig bei anderen:

Mit kleinen Schritten zu großen Sprüngen [44]
Beginne mit Mini-Schritten und behalte immer ein gutes Gefühl!

Wer schiebt nicht gerne mal das eine oder andere vor sich her? Natürlich haben wir die besten Ausreden – pardon – Begründungen dafür und es ist ganz klar, dass wir es ja **eigentlich wirklich** heute anpacken wollten. Aber **leider** kamen da unvorhersehbare, **wichtige** andere Dinge dazwischen und außerdem waren die Rahmenbedingungen auch nicht optimal – und dafür können wir ja auch nichts. Aber seien wir mal ehrlich: Sie fühlt sich nicht so klasse an, diese Aufschieberei, oder? Etwas anzupacken und hinterher das Ergebnis zu sehen – das fühlt sich dagegen richtig gut an.

Nutz die Gelegenheit: Knöpfe dir einen deiner Pläne vor und fang **wirklich** an. Und zwar mit dem ersten Mini-Schritt. Setze dir dafür zunächst einen überschaubaren Zeitrahmen – etwa: »Ich stecke heute zehn Minuten in mein Vorhaben.« Auch in zehn Minuten können die ersten wichtigen Schritte angegangen werden. Rufe jemanden an, recherchiere oder stelle einen Zeitplan auf – was auch immer. *Mache nur so viel, wie du kannst und willst.*

Aber welches Vorhaben setzt du um? Prüfe hierzu deine Pläne auf Herz und Nieren. Stelle dir folgende Fragen:

• Warum ist mir mein Vorhaben so wichtig? Wofür ist es sinnvoll?
• Was würde passieren, wenn ich es einfach sein ließe?

• Und wie wird es sich wohl anfühlen, wenn ich es erledigt habe und endlich abhaken kann?

Wenn du jetzt immer noch von deinem Vorhaben überzeugt bist, dann triff die Entscheidung, dass du es nun wirklich angehst, und fange noch heute mit dem ersten kleinen Schritt an.

Im Gespräch mit sich selbst

Kritiker: Also, jetzt muss ich mich mal wieder einmischen.

Coach: Ja klar, nur zu!

Kritiker: Das ist doch nur ein fieser Trick! Ich weiß genau, bei den zehn Minuten bleibt es ja nicht – und dann ist schon wieder eine Stunde oder mehr vorbei.

Coach: Gut, dass du das sagst! Denn genau das soll nicht passieren! Denn dann halten wir uns ja nicht an die Vereinbarung, die wir mit uns selbst getroffen haben.

Kritiker: Das heißt, wir hören dann wirklich nach zehn Minuten auf?

Coach: Unbedingt! Am besten stellen wir uns einen Wecker, und wenn der piepst, hören wir gleich auf.

Kritiker: Aber in zehn Minuten kriegen wir doch nichts geschafft, das bringt doch nix!

Coach: Es spricht ja auch nichts dagegen, sich dreißig Minuten dranzusetzen. Wichtig ist nur, dass wir in der vereinbarten Zeit wirklich nichts anderes machen und dann nach dreißig Minuten wirklich wieder aufhören. Es sollte allerdings ein Zeitrahmen sein, der uns nicht abschreckt. Das ist wichtig. Wir sollten das Gefühl der Machbarkeit haben im Sinne von »Ach, zwanzig Minuten ... das kann ich ja mal machen, das ist nicht so schlimm.« Wir sollten dabei ein gutes Gefühl haben.

Kritiker: Das klingt fair.

Coach: Ja, und so schaffen wir Schritt für Schritt tatsächlich, was wir uns vornehmen.

Jetzt motivier ich mich selbst:

1. Mein Vorhaben:

2. Wofür ist es sinnvoll? Was ist mein Nutzen?

3. Was passiert, wenn ich es einfach streiche und niemals umsetze?

4. Mein erster Mini-Schritt für die Umsetzung dieses Vorhabens:

5. Mein Zeitrahmen:

6. Was genau tue ich in dieser Zeit?

[45] Gut sein (vor allem zu sich selbst)!
Schenke deinen eigenen Bedürfnissen und Interessen Aufmerksamkeit – und sei freundlich zu dir!

Erlebst du auch manchmal Situationen, in denen du dich unter Druck fühlst, gehetzt, leer gepumpt, einfach alle? Oder Phasen, in denen andere Menschen dich nur noch nerven, in denen du angespannt bist und etwas tust, wozu du eigentlich keine Lust hast? In denen du dich fremdgesteuert fühlst, eine Leere verspürst oder einen Mangel an irgendetwas? Fast jeder von uns erlebt das immer mal wieder. Die gute Nachricht: Wir können etwas dagegen tun.

Erster Schritt: Mach dir klar, dass nur du allein dafür verantwortlich bist, wie es dir geht. **Du** bewertest Situationen oder Menschen und lässt dich durch diese Einschätzungen runterziehen oder ärgern. Anders ausgedrückt: Du kannst nicht alle Ereignisse in deinem Leben kontrollieren. Aber es liegt in deiner Macht, wie du über diese Ereignisse denkst, welche Gefühle sie in dir auslösen und wie du mit ihnen umgehst. Das gibt dir viel Freiheit, aber gleichzeitig auch eine große Verantwortung.

Es ist leicht, andere Menschen für seine eigene Gefühlslage verantwortlich zu machen. Es ist auch leicht, von anderen zu erwarten, dass sie für unser Wohl sorgen sollen. Doch so legst du dein Glück in die Hände anderer – und das geht nicht lange gut. Glücklicher bist du, wenn du die volle Verantwortung für dich und dein Wohlbefinden selbst übernimmst. Um das zu erreichen, kannst du immer wieder innehalten und dich fragen, was du dir in diesem Moment Gutes tun kannst. Was brauchst du gerade, damit es dir besser geht? Was kannst du im Kontakt mit anderen Menschen für dich tun, damit du dich wohler fühlst? Vielleicht werden deine Mitmenschen am Anfang etwas verwundert sein. Vielleicht verstehen sie zuerst nicht, warum du dich zum Beispiel zurückziehst. Doch wenn du ab und zu eine Viertelstunde für dich brauchst, um danach wieder im Reinen mit dir und der Welt zu sein, dann werden Freunde und Kollegen das bald akzeptieren. Schließlich profitieren deine Mitmenschen auch davon, wenn du gut für dich sorgst und ausgeglichener bist. Achte also auf deine Bedürfnisse!

Viele Menschen tun das Gegenteil: Sie unterdrücken ihre Bedürfnisse – und werden dadurch müde, kraftlos, unglücklich oder gar krank. Diese Menschen denken, sie müssten sich anderen immer unterordnen. Aber letztlich kostet dieses Unterdrücken der eigenen Bedürfnisse immer mehr Kraft. Und die fehlt den Betroffenen dann, um auch anderen Menschen etwas zu geben. Nichtsdestotrotz: Natürlich gibt es auch Zeiten, in denen wir uns bewusst dafür entscheiden, die eigenen Bedürfnisse für eine gewisse Zeit zurückzustellen – zum Beispiel, wenn Eltern nach der Geburt eines Kindes rund um die Uhr für das neue Familienmitglied da sind. Und selbst dann ist es wichtig, Raum für die eigenen Interessen und Bedürfnisse zu schaffen. Niemand möchte später von den Eltern zu hören bekommen, auf was sie seinetwegen alles verzichtet haben!

Grundsätzlich ist es doch so: Ab einem bestimmten Alter müssen wir auf uns selbst achten, weil es niemand anderes mehr für uns übernimmt. Das klingt banal, aber viele Menschen vergessen es. Also: Achte gut auf dich! Denn wenn **du** gesund und glücklich bist, kannst du dich auch kraftvoll und aufmerksam für deine Mitmenschen einsetzen. Daher heißt es bei den Sicherheitsanweisungen im Flugzeug auch immer: »Setzen Sie im Falle eines Druckabfalls zuerst sich selbst die Sauerstoffmaske auf und helfen Sie erst dann Kindern und anderen Mitreisenden.« In diesem Sinne: Achte ganz besonders auf deine eigenen Bedürfnisse und Interessen.

»Ganz schön egoistisch!«, denkst du jetzt vielleicht. Deswegen will ich den Unterschied zwischen Egoismus und Eigeninteresse verdeutlichen: Eigeninteresse meint die Verantwortung, sich um sich selbst zu kümmern, weil man weiß, dass man es wert ist. Wenn man Eigeninteresse praktiziert, kann man seine eigenen Bedürfnisse erfüllen und gleichzeitig aufrichtiges Interesse am Wohlergehen anderer Menschen zeigen. Und wenn man merkt, dass die Bedürfnisse eines Mitmenschen gerade wichtiger sind als die eigenen, kann man diese bewusst für eine Zeit zurückstellen. Egoistische Menschen hingegen denken **nur** an ihre eignen Bedürfnisse und vergessen dabei die Bedürfnisse anderer oder schaden ihnen sogar. Dem Egoisten geht es nur darum, zu bekommen, was er will. Das hat mit Eigeninteresse nichts zu tun.

So sorgst du dafür, dass deine Bedürfnisse nicht untergehen: Stelle dir fünfmal am Tag die Frage: *Was kann ich in diesem Moment tun, damit es mir ein klein wenig besser geht?*

Schon Kleinigkeiten können Wunder wirken: Vielleicht willst du mal kurz aufstehen und dich bewegen? Dir ein Getränk holen? Das Fenster öffnen? Das unangenehme Gespräch höflich beenden?

Es darf aber natürlich auch gerne etwas mehr sein! Was tut deinem Körper gut? Was tut deiner Seele gut, deinem Geist? Höre auf dein Inneres. Wonach sehnst du dich? Worauf hast du Lust? Was würdest du gerne für dich tun? Ein kleiner Spaziergang? Musik in Ruhe genießen? In einer ruhigen Ecke entspannt ein leckeres Heißgetränk schlürfen? In deinem Lieblingsbuch schmökern? Dich mit einem lieben Menschen treffen?

Gönne dir etwas Gutes. Und zwar nicht, um dich für etwas zu belohnen, sondern einfach nur, weil du das bist, was du bist. Und genieße es mit allen Sinnen und mit aller Aufmerksamkeit – so werden auch kurze Momente besonders wertvoll. Je aufmerksamer du zu dir selbst bist, desto weniger Grund hast du, dich über andere zu ärgern und desto entspannter und liebenswürdiger wirst du. **Du** bist für dein Wohlbefinden verantwortlich – nicht die anderen.

Jetzt motivier ich mich selbst:

1. Situationen, in denen ich noch bewusster auf meine Bedürfnisse achten und für mein Wohlbefinden sorgen kann:

2. Das tut meinem Körper gut:

3. Das tut meiner Seele gut:

4. Das gönne ich mir diese Woche:

Ab in die Mitte [46]
Zentriere dich ganz bewusst, sobald du unter Druck gerätst!

Wir alle stehen manchmal neben uns: Plötzlich steigt unsere Betriebstemperatur, wir fühlen uns unter Druck und sind gestresst. Kurz: Wir verlieren unsere innere Mitte – manchmal auch so ein bisschen den Verstand. Inspiriert durch den NLP-Trainer und Autor Robert Dilts möchte ich dir drei Schritte vorstellen, mit denen du deine Mitte wiederfindest.

1. Schritt: Slow down
Auf gut Deutsch: Mach langsam, komm runter, gehe in den »Slow-Motion-Modus«. Sage innerlich zu dir selbst: »Laaaaangsaaaam!« oder »Mooooooment!«

2. Schritt: Atmen
Deine Atmung ist vollkommen real und gegenwärtig und hilft dir, Abstand zur aktuellen Situation zu gewinnen.

Richte deine Aufmerksamkeit auf deine Atmung. Nimm einen langen und tiefen Atemzug. Atme lange und intensiv wieder aus und lasse dabei die Spannung aus dir raus fließen. Atme ein paar Mal auf diese Weise ganz bewusst ein und aus.

3. Schritt: Zentrieren
Konzentriere dich auf deine körperliche und geistige Mitte. Nimm dafür zunächst den Kontakt zwischen deinen Fußsohlen und dem Boden wahr. Spüre, wie der Boden dein ganzes Gewicht trägt. Richte dann deinen Körper auf, straffe dich und fokussiere deinen Geist auf etwas, das dich positiv beeinflusst

und dir Kraft gibt. Denke zum Beispiel an einen tiefblauen, klaren Bergsee.

Und nach diesen drei Schritten tust du ganz bewusst das, was du brauchst, um die Situation zu meistern. Richte dabei deine Aufmerksamkeit weiter auf dein inneres Zentrum. Bleibe ganz bei dir. Und solltest du deine innere Mitte wieder verlieren, gehe noch mal die drei Schritte durch.

Jetzt motivier ich mich selbst:

1. Was mich aus meiner Mitte bringt:

_____

_____

_____

_____

2. Gedanken, die mir helfen, mich wieder auf meine Mitte zu konzentrieren:

_____

_____

_____

»Behandle die Menschen so, als wären sie, was sie sein sollten, und du hilfst ihnen zu werden, was sie sein können.«

Johann Wolfgang von Goethe (1749 – 1832), Dichter

[47] Die Ja-genau-Haltung
Nimm Angebote an und mach das Beste daraus!

Damit meine ich natürlich nicht die tollen Sonderangebote im Supermarkt. Nein, es geht um Ideen und Vorschläge. Wenn Menschen eine Idee hören, die nicht ihren Vorstellungen entspricht, sagen sie Sätze wie: »Das ist eine gute Idee, **aber** ...«, dafür hätten wir keine Zeit, kein Geld, kein irgendwas. Das Aber erstickt die Idee im Keim – und leider auch die Motivation, weitere Ideen zu entwickeln. Spätestens nach dem dritten Aber ist die Luft dann völlig raus und wir resignieren. Ein anderes Beispiel: Wir schlagen vor, mal was Neues auszuprobieren und persisch essen zu gehen. Darauf erwidert unser Partner: »Können wir ja gerne irgendwann mal machen, **aber** heute lass uns lieber zu unserem Lieblingsitaliener gehen.« Solche Aber können uns die Lust an Vorschlägen für Neues gründlich verhageln.

Dabei ist es doch so: Das Leben wirft uns immer wieder Bälle zu. Und *statt »ja, aber« zu denken oder zu sagen, können wir die Bälle auffangen und das Beste daraus machen.* Nimm deswegen besser eine Ja-genau-Haltung ein und lass dich von den Angeboten deiner Mitmenschen inspirieren. Habe den Mut, deine Gewohnheiten und deine eigenen Ideen mal loszulassen. So wirst du flexibler und spontaner und bringst frischen Wind in dein Leben.

Wenn dir also jemand einen Vorschlag macht, sag einfach mal: »Ja, genau!«, und überleg gemeinsam mit dem anderen, wie man die Idee am besten umsetzen kann. Sei gespannt, was du mit dieser Ja-genau-Haltung alles erlebst.

Im Gespräch mit sich selbst

Kritiker: Ja, aber das Aber ist doch genau mein Wort! Ich mag es, weil ich die Kritik damit so herrlich einleiten kann.

Coach: Ja, genau! Und darum geht es! Lass deine kritischen Kommentare einfach mal weg und lass dich auf was Neues ein.

Kritiker: Aber ...

Coach: Hey, hallo!!!

Kritiker: Oh je ... Ja, genau! Ich lass mich auf was Neues ein, was dann vollkommen bescheuert ist.

Coach: Woher willst du das wissen, solange du es nicht ausprobiert hast? Geht es dir vielleicht einfach darum, dass du dich sicherer fühlst, wenn alles nach deiner Nase tanzt?

Kritiker: Na klar! Da weiß ich, was mich erwartet!

Coach: Erwarte doch öfter mal das Unerwartete und sei gespannt auf die neuen Erfahrungen.

Kritiker: Ist das hier ein Selbsterfahrungs- oder Selbstmotivationsbuch?

Coach: Du willst wissen, was das »Ja, genau!« mit Selbstmotivation zu tun hat?

Kritiker: Ja, genau!

Coach: Wenn wir uns vielleicht gerade an etwas ran setzen, das wir schon länger vor uns herschieben, dann kommst du immer daher mit deinem: »Keine schlechte Idee, jetzt mal anzufangen, aber eigentlich bin ich schon ganz schön müde!« Oder: »Toll, dass wir uns endlich an den Ablageberg machen wollen, aber wir haben eh nur noch eine halbe Stunde und die Blumen müssen wir auch dringend gießen.« Oder: »Aber das kann ja auch noch bis morgen warten«. Damit bremst du unsere Handlungsenergie total aus! Ich gebe Gas und du ziehst die Bremse! So kommen wir nie voran!

Kritiker: Verstehe. Ich werde mich bemühen, mit »Ja, genau!« auch auf das Gas zu treten.

Coach: Das freut mich! Was sagst du also, wenn ich sage »So, wir haben noch dreißig Minuten Zeit, da fangen wir schnell noch mit der Ablage an.«?

Kritiker: Ja, genau, dann haben wir wenigstens schon mal angefangen und morgen weniger zu tun.

Coach: Damit kann ich arbeiten! Wenn wir also Motivation und auch Kreativität fördern wollen, dann abern wir nicht rum!

Jetzt motivier ich mich selbst:

1. Auf diese Angebote habe ich mich dieses Woche mit »Ja, genau!« eingelassen:

2. Meine Erfahrungen und Erlebnisse:

[48] Heilung bei Aufschieberitis
Tue, was du dir vorgenommen hast –
und zwar Schritt für Schritt!

Bist du auch so kreativ, wenn es darum geht, Dinge aufzuschieben, die du doch eigentlich machen wolltest? Es gibt ja schließlich immer etwas Besseres zu tun: Tatsächlich gibt es so viel Angenehmes zu tun, dass wir Unangenehmes lange vor uns herschieben können. Zum Beispiel die Steuererklärung, die Hausarbeit für die Uni, die Ablage oder das Keller-Ausmisten. Wenn du Schluss machen möchtest mit dem Aufschieben und die Dinge endlich anpacken willst, helfen dir folgende acht Tipps:

1. Schluss mit der Alles-oder-Nichts-Haltung

Auch ein kleiner Erfolg, ein kleiner Schritt ist ein guter Anfang. Nimm dir nicht gleich die ganze Steuererklärung vor, sondern suche dir erst mal alle Belege zusammen. Und dann erst mal Pause. Und dann der nächste kleine Schritt und wieder ein kleiner Schritt.

2. Führe ein Aktivitätenbuch

Hier trägst du alles ein, womit du dich von dem ablenkst, was du eigentlich tun willst. Nimm dir diese Ablenkungsaktivitäten vor und beantworte zu jeder folgende Fragen:

• Was war mir dabei wichtig?
• Was war für andere wichtig?
• Hätte ich darauf verzichten können?
• Wobei habe ich zu viel Zeit verbraucht?

Übrigens: Irgendwann ist man dieses Protokollieren so leid, dass man sich lieber gleich ans Werk macht.

3. Mache dir den Sinn bewusst.

Wofür ist es wichtig, das zu tun, was du tun willst? *Sinn motiviert!* Es gibt verschiedene Möglichkeiten der Sinn-Erfahrung:

• Sich der Tätigkeit selbstbestimmt und eigenständig hingeben.

- Für andere da sein.
- Sich weiterentwickeln.
- Sich bewusst machen, was man zum großen Ganzen beiträgt.
- Etwas erschaffen oder gestalten.

4. Verteile die Arbeit gleichmäßig
Denke auch an Pausen und an ausreichend Schlaf.

5. Plane mindestens einen freien Tag in der Woche ein
Lass also zum Beispiel sonntags die Finger von der Steuererklärung und genieße die freie Zeit.

6. Beginne mit deiner Arbeit zu einem festgelegten Zeitpunkt
Gute Laune und Lust dürfen nicht die Voraussetzungen für den Arbeitsbeginn sein.

7. Setz Prioritäten
Was ist dringend und wichtig? Das Führen einer täglichen To-do-Liste hilft, Aufschieben zu vermeiden. Getane Arbeit streichst du auf der To-do-Liste durch.

8. Belohne dich!
Gönne dir etwas Gutes, wenn du das angepackt hast, was du dir vorgenommen hattest. Nutze die Vorfreude darauf als Antrieb, endlich anzufangen.

Jetzt motivier ich mich selbst:

1. Das packe ich jetzt an:

2. Dafür ist das wichtig:

3. Mein erster Schritt:

Ich beginne am   um   Uhr.

[49] Heiter scheitern

Du hast einen Fehler gemacht? Es gibt nur einen Fehler: Liegen bleiben, statt wieder aufzustehen. Also sei heiter und mach den E.R.P.E.L.!

Wenn wir immer nur bemüht sind, Fehler zu vermeiden, legt unser Denken irgendwann einen Schalter um. Und zwar vom kreativen, mutigen Förderungsmodus auf den vorsichtigen, ängstlichen Verhinderungsmodus.

Theoretisch wissen wir: Fehler sind wichtig, um zu lernen und voranzukommen. Und dennoch scheuen wir uns vor dem Misslingen und seinen Folgen. Wir lassen uns davon sogar unsere Stimmung vermiesen. Mein Vorschlag: *Nimm Fehler in Kauf. Lerne nicht nur aus ihnen, sondern bleibe dabei auch gut drauf.* Kurz: Scheitere heiter!

Dies ist übrigens auch eine der wichtigsten Regeln im Improvisationstheater. Hier scheitern die Darsteller immer wieder auf der Bühne und haben auch noch richtig Spaß dabei. Das Scheitern gehört einfach dazu, denn schließlich gibt es keinen Text, keine Regie und keinen Plan. Die Szenen entstehen aus dem Moment heraus und die Spieler lassen sich mit einer Ja-genau-Haltung mutig und kreativ darauf ein, was gerade da ist. Natürlich setzen sie auch mal Szenen in den Sand. Glaubst du, die Schauspieler könnten in der nächsten Szene noch Spaß haben, wenn sie nicht heiter blieben? Ich bin häufig heiter gescheitert beim Improvisationstheater und habe daraus viel für mein Leben gelernt. Übrigens: Im Wort »Scheitern« steckt das »heiter« ja schon drin!

Gehe klug mit Fehlern um, indem du den E.R.P.E.L. machst. Gehe nach einem Misserfolg diese Schritte durch:

E Erlaubnis: Du darfst Fehler machen!

R Rekonstruktion: Was genau lief schief?

P Perspektive: Lasse den Erpel fliegen und betrachte dich und deinen Fehler aus der Vogelperspektive. Welchen Stellenwert hat dieser Fehler für dein Leben? Ist deine Existenz bedroht?

E Erneuter Anlauf: Versuche es noch mal – aber anders.

L Lernfortschritt wahrnehmen: Was ging jetzt besser? Wie erfolgreich warst du jetzt?

Und während du den E.R.P.E.L. machst, bleibe heiter und atme locker durch die Knie.

Jetzt motivier ich mich selbst:

1. Das habe ich diese Woche durch Fehler gelernt:

[50] Ich will und ich kann!
Berechne die Chance, ob du umsetzt,
was du dir vorgenommen hast.

Wenn wir uns etwas vornehmen, ist am Anfang die Begeisterung oft groß und dann nimmt unsere Energie, unser Engagement irgendwie ab. Treten auch noch Schwierigkeiten auf, werfen manche das Handtuch. Dann sind wir frustriert und schieben es auf unsere mangelnde Selbstdisziplin oder meinen, wir hätten kein Durchhaltevermögen oder keine Willenskraft. Oder: Wir nehmen uns etwas vor und kommen einfach nicht aus dem Knick. Wir fangen einfach nicht an, schieben es immer wieder vor uns her. Und auch dann fühlen wir uns nicht gerade klasse.

Höre auf damit, dir selbst Vorwürfe zu machen. Rechne lieber mal nach, ob dein Vorhaben überhaupt eine Chance hat, tatsächlich umgesetzt zu werden.

Dazu gibt es eine ganz einfache Formel:

Wofür × Wie = Umsetzungschance

Und so geht's: Beantworte die folgenden Fragen und gib dann dem **Wofür** auf einer Skala von null bis zehn einen Wert:

- Welchen Sinn hat dein Vorhaben?
- Wofür ist es wichtig?
- Wozu willst du das wirklich?
- Warum lohnt es sich überhaupt, dafür Zeit und Kraft zu investieren?

Eine Zehn bedeutet, dass es maximal wichtig für dich ist. Eine Null wäre überhaupt nicht wichtig. Gib diesen Wert aus dem Bauch heraus, nachdem du die Fragen beantwortet hast.

Nun gibst du dem **Wie** einen Wert zwischen null und zehn, indem du dich fragst:

- Habe ich die Fähigkeiten und Fertigkeiten für mein Vorhaben?
- Reichen die Informationen aus, die ich habe?
- Sind die Rahmenbedingungen hilfreich für mein Vorhaben?
- Halte ich mein Vorhaben für machbar?

Und nun multiplizierst du die beiden Werte. Ist das Ergebnis höher als fünfzig, stehen die Chancen gut, dass du tatsächlich umsetzt, was du dir vorgenommen hast und auch dauerhaft dran bleibst. Ist das Ergebnis kleiner als fünfzig, stehen die Chancen ziemlich schlecht. Dann wäre es sinnvoll, sich noch mal über das **Wofür** oder das **Wie** Gedanken zu machen. Entweder ist dir dein Vorhaben tatsächlich nicht wichtig genug oder es fehlen dir noch Fähigkeiten oder Informationen. Vielleicht passen auch die Rahmenbedingungen nicht oder du glaubst gar nicht an die Machbarkeit. Komm dir auf die Schliche und sei ehrlich zu dir selbst. Nun hast du die Wahl: Entweder arbeitest du daran, dass sich der Wert für das Wie erhöhen kann, oder du überlegst noch mal gründlich, wofür es eigentlich gut ist, oder du streichst das Vorhaben und ersparst dir damit Selbstvorwürfe und schlechtes Gewissen.

Hör auf, dich mit irgendwelchen Vorhaben zu quälen, die dir eigentlich gar nicht wichtig genug sind oder die für dich gerade gar nicht machbar sind.

Ein Beispiel:

Eine Frau hat sich vorgenommen, zwei Mal in der Woche zum Yoga zu gehen. Sie beantwortet die Fragen und setzt in die Formel die Werte ein für ihr **Wofür** und ihr **Wie**:

8 (Wofür) × 5 (Wie) = 40 (Umsetzungschance)

Das **Wofür** bewertet die Frau mit der Acht ziemlich hoch. Sie weiß, es wäre gut für Körper und Geist, sie weiß auch, dass es ihr nach dem Yoga immer super geht, dass sie besser schlafen kann und insgesamt gelassener ist. Beim **Wie** gibt sie sich eine Fünf. Sie ist körperlich zwar in der Lage, Yoga zu machen und kennt auch eine gute Yoga-Schule, aber die Rahmenbedingungen sind nicht optimal. Die Kurszeiten lassen sich kaum mit ihrem Vollzeitjob vereinbaren und sie hat ihrer Familie gegenüber ein schlechtes Gewissen, weil sie dann nicht zu Hause ist. Mit dem Wert vierzig ist die Chance nicht gerade groß, dass sie es auf Dauer schafft, zwei Mal in der Woche zum Yoga zu gehen. Hier besteht also Frustgefahr! Wenn diese Frau tatsächlich zweimal in der Woche Yoga machen will, muss sie sich überlegen, wie sie den Wert beim **Wie** erhöhen kann. Vielleicht nimmt sie Privatstunden, statt einen Kurs zu besuchen, oder sie überzeugt die Familie mitzumachen oder hört auf mit dem schlechten Gewissen, weil sie weiß, dass es letztendlich nicht nur ihr, sondern auch ihrer Familie zugutekommt, wenn es ihr gut geht. Oder aber sie korrigiert ihr Vorhaben und nimmt sich vor, wenigstens einmal in der Woche zum Yoga zu gehen.

Jetzt motivier ich mich selbst:

1. Mein Vorhaben:

(Wofür) ×   (Wie) =   Umsetzungschance

6.
Vorsicht, Falle!

Es gibt einige populäre Irrtümer über Motivation, die ich hier aus dem Weg räumen möchte, damit du dir das Leben und die Motivation leichter machen kannst:

1. Motivationsirrtum: Die einen sind einfach motiviert, die anderen nicht

Diesem Glaubenssatz liegt die Annahme zugrunde, dass Motivation eine Eigenschaft, ja sogar Teil des Charakters oder der Persönlichkeit sei. Das stimmt nicht.

Motivation ist eine Entscheidung. Eine Entscheidung in Bezug auf deine Wahrnehmung, deine Gedanken und dein Handeln.

Eine Entscheidung, die nur du allein treffen kannst. Verstecke dich also nicht hinter angeblichen Gegebenheiten, die keine sind.

2. Motivationsirrtum: Ich habe einfach keine Disziplin

Dieser Gedanke wirkt wie eine sich selbst erfüllende Prophezeiung. Je öfter man ihn wiederholt, desto mehr glaubt man daran. Fest steht: Dieses Selbstbild führt dazu, dass man sich immer weniger vornimmt. Doch schaut man nur mal genauer hin, wird klar: Fast alle Menschen sind in irgendeinem Lebensbereich höchst diszipliniert – und in anderen weniger. Jeder hat also die Fähigkeit zur Disziplin. Wir wissen, wie das geht! Nun wenden wir dieses Wissen nur noch in den Lebensbereichen an, in denen wir es bisher wenig angewendet haben. Wir übernehmen die Art, wahrzunehmen (Wo ist unser Fokus?), zu denken (Wie denken wir?) und zu handeln (Wie handeln wir?), wenn wir diszipliniert sind.

3. Motivationsirrtum: Mit Positiv-Motivation erreiche ich alles

Es reicht nicht aus, sich nur positiv zu motivieren. Wenn sich die Menschen dadurch wirklich motivieren könnten, dass sie sich nur vor Augen führen müssen, wie gut es ihrem Körper und Geist tut, regelmäßig Sport zu treiben, dann hätten wir keine übergewichtigen und viel mehr gesunde Menschen auf unserem schönen Planeten. Doch die Realität sieht anders aus. Denn unser Motivationssystem ist bipolar. Unser Verhalten wird von zwei Anreizen gesteuert:

Erster Anreiz: Weg vom Schmerz. Also weg von allem, was unser Leben erschwert oder bedroht. Dieser Pol ist zuständig für die Negativmotivation – man tut etwas, weil man etwas Unangenehmes vermeiden möchten.

Zweiter Anreiz: Hin zur Lust und zum Vergnügen. Also hin zu allem, was der Selbst- und Arterhaltung dient. Dieser Pol ist zuständig für die Positivmotivation – man tut etwas, weil man etwas Positives erreichen möchten.

Dieses bipolare Programm ist bei allen Menschen dasselbe. Das Einzige, was sich wesentlich unterscheidet, ist, was jeder Einzelne als Pein oder Lust empfindet. Und jetzt aufgepasst: Da unser Gehirn in aller erster Linie lebenserhaltend arbeitet, tut es viel mehr, um Schmerz zu vermeiden, als um Lust zu gewinnen. Das bedeutet: Die Negativ-Motivation treibt uns mehr an als die Positiv-Motivation. Die Kunst besteht also darin, die beiden Pole im richtigen Verhältnis zu mischen!

Ein Beispiel:

Nehmen wir an, du hast dir vorgenommen, regelmäßig joggen zu gehen. Du versprichst dir davon folgende Vorteile: Du bekommst eine bessere Figur, fühlst dich wohler in deinem Körper, stärkst dein Immunsystem, förderst deine mentale Ausgeglichenheit, hast eine gesündere Gesichtsfarbe, bessere Laune und, und, und. Es ist die Aussicht auf Freude, die dich motiviert. Schauen wir uns jetzt die Aussicht auf das Leid an, das dich erwartet, wenn du dein Vorhaben nicht umsetzt, also nicht joggen gehst: Deine Figur wird zunehmend schlaffer und dicker, du fühlst dich immer unwohler in deiner eigenen Haut, du kannst dein Spiegelbild kaum mehr ertragen. Dein Arzt betrachtet deinen körperlichen Zustand sorgenvoll. Du schnaufst schon bei ein paar Treppen, weil deine Kondition immer schwächer wird. Du fühlst dich kraftlos. Und so weiter. Und jetzt überlege: Was motiviert dich mehr? Welches der beiden Bilder hat dich gerade mehr angetrieben? Bei welchem hattest du mehr Emotionen?

Wenn man sich motivieren will, dann muss man sich also nicht nur die Vorteile des gewünschten Verhaltens vor Augen führen, sondern auch die Nachteile des unterlassenen Verhaltens. Je deutlicher und schlimmer man sich die Situation ausmalt, wenn das Vorhaben nicht umgesetzt wird, desto mehr Antrieb findet man dank der Negativmotivation.

Überprüfe mal: Hängt ein Teil deiner Unzufriedenheit vielleicht damit zusammen, dass du Motivationsirrtümern zum Opfer gefallen bist und falsche Erwartungen an dich selbst stellst? Dass du meinst, die anderen seien immer viel motivierter und disziplinierter als du selbst? Verabschiede dich davon.

Denn solches Denken schadet deinem Selbstwertgefühl. Und ein positiver Zugang zur deiner eigenen Person ist eine der wichtigsten Voraussetzungen dafür, dass du mit viel Energie und Motivation durch das Leben gehst. Welche Chancen gibst du dir selbst, dich zu verändern?

> *»Niemand hätte je den Ozean überquert, wenn die Möglichkeit bestanden hätte, bei Sturm das Schiff zu verlassen.«*

Charles Franklin Kettering, Erfinder und Philosoph (1876–1958)

7.
Bei der Arbeit: Bist du schon erfüllt oder erfüllst du nur?

Warum stehst du morgens auf und gehst zur Arbeit? Wofür arbeitest du? Ist doch klar! Um Geld zu verdienen, oder? Damit dein Kühlschrank gefüllt ist, du ein Dach über dem Kopf hast und du das Leben genießen kannst. Arbeit – da steckt noch viel mehr dahinter! Viele Menschen definieren sich auch über ihre Arbeit. Nach dem Motto: Sag mir, was du arbeitest und ich sag dir, wer du bist. Wir speisen auch den Löwenanteil unseres Selbstwertgefühls aus unserer Arbeit und Studien belegen, dass wir die meisten Glücksgefühle bei der Arbeit erleben. Nun ja, wir verbringen ja auch sehr viel Zeit mit unserer Arbeit. Und wir produzieren – wenn es gut läuft – Ergebnisse beim Arbeiten. Und Ergebnisse bereiten uns Freude. Ergebnisse motivieren uns, weiterzumachen. Wir arbeiten auch für Anerkennung, für das gute Gefühl, erfolgreich zu sein, etwas entscheiden und beeinflussen zu können, etwas allein oder im Team schaffen zu können, etwas Sinnvolles zu tun und um uns weiterzuentwickeln und uns zu verwirklichen. Wir wollen wecken, was in uns steckt, unser Potenzial entfalten. Klingt toll. Aber ist das auch die Realität? Oder erfüllen die meisten Menschen einfach nur Anforderungen und Aufgaben und machen, was zu machen ist? Das Machen hat auf jeden Fall einen großen Stellenwert. Wir sollen aktiv sein und was machen! Wer nichts macht, ist auch nichts. Von Kindheit an werden wir gefragt, »Was willst du heute machen?«, »Was willst du später mal machen?« Es wird uns eindringlich gesagt, dass wir etwas aus uns und unserem Leben **machen** sollen. Und dann machen wir. Wir machen und machen und machen ... Und wenn man so viel macht, dann sieht ein Hamsterrad von innen wie die Karriereleiter aus. Wir waren in den letzten Jahrzehnten so sehr damit beschäftigt, Wohlstand und Fortschritt zu schaffen, Konsum und Möglichkeiten zu steigern, haben so viel gemacht, dass wir vor lauter Machen vergessen haben, mal innezuhalten und uns wichtige Fragen zu stellen: Warum mache ich das? Macht das Sinn?

Wenn wir auf diese Fragen gute Antworten finden, sind wir erfüllt von unserer Arbeit, anstatt sie nur zu erfüllen.

Das sind die Fragen unserer Zeit, in der sich eine wachsende Sehnsucht nach Sinn immer mehr ausbreitet. Wer im Wohlstand lebt, gibt sich mit dem Abarbeiten von Aufgaben, Karriereleiter hochrackern und dann in Rente gehen nicht mehr zufrieden. Da muss doch noch was sein. Der Sinn! Wofür das alles? Wenn wir den Sinn unseres Unternehmens kennen, für das wir arbeiten, oder das wir selbst sind, und uns dieser Sinn bei unserer Arbeit auch bewusst ist und auch mit unseren Werten übereinstimmt, dann haben wir das Gefühl, zu etwas sinnvollem Großen beizutragen und investieren gerne unsere Lebenszeit und Kraft dafür. Dann engagieren wir uns, sind motiviert und wachsen über uns hinaus. Und das ist es, was Unternehmen von ihren Mitarbeitern brauchen, damit sie zukunftsfähig bleiben und was die Menschen brauchen, um in ihrer Arbeit Erfüllung zu finden.

Aber wenn du jetzt darauf wartest, dass irgendjemand – zum Beispiel deine Führungskräfte – deiner Arbeit Sinn geben, kannst du lange warten. Getreu dem Titel dieses Buches gilt nämlich: Finde den Sinn für deine Arbeit selbst – sonst macht's keiner! Nur du weißt, was dir wichtig ist, wofür du dich tief in deinem Herzen begeistern kannst, für welche Werte es sich für dich lohnt, morgens aufzustehen.

Was kannst du selbst tun, um mehr Sinn bei deiner Arbeit zu erleben?

- Frage dich immer wieder: Wofür tue ich das? Und warum macht es einen positiven Unterschied für andere?
- Unterhalte dich mit denen, die direkt eure Produkte oder Dienstleistungen nutzen, frage sie, was sie daran schätzen.
- Trau dich in Meetings, als einziger nein zu sagen, weil du den Beschluss für falsch hältst.
- Kämpfe für eine kleine Idee – oder auch für eine große.
- Steh für ein Ideal ein.
- Bekämpfe eine alte, aber inzwischen sinnlose Regel.
- Fordere von dir und deinen Kollegen und Kolleginnen exzellente Qualität ein.
- Schau immer wieder über den Tellerrand deiner Abteilung und auch deines Unternehmens.

Wenn wir wollen, dass sich etwas verändert – egal, ob individuell oder kollektiv – müssen wir selbst bewirken, dass etwas geschieht.

Es beginnt alles mit uns selbst. Wir müssen den Anfang machen.

Die Aufgabe deiner Firma besteht darin, Rahmenbedingungen zu schaffen, in denen du Sinn bei der Arbeit erleben kannst. Solltest du eine Führungskraft sein und nun überlegen, wie die Rahmenbedingungen aussehen, die deine Mitarbeiter darin unterstützen, mehr Sinn bei der Arbeit zu erleben, dann kannst du folgendes tun:

- Fördere die Zugehörigkeit zum Team und zum Unternehmen. Engagier dich für eine kollegiale Arbeitsatmosphäre, Vertrauen, Wertschätzung, Partizipation und Feedback.
- Mach deinen Mitarbeitern den Gesamtzusammenhang erlebbar. Hole Kundenfeedbacks ein, initiiere Jobrotation, lass deine Mitarbeiter eure Kunden beziehungsweise Betriebe besuchen.
- Schaffe Gestaltungsmöglichkeiten. Ermögliche deinen Mitarbeitern einen hohen Grad an Selbstbestimmung. Zum Beispiel durch flexible Arbeitszeiten oder Homeoffice, durch die eigenständige Gestaltung von Abläufen und Vorgehensweisen.
- Fördere die Weiterentwicklung deiner Mitarbeiter. Sie ist eine wichtige Voraussetzung, um auch dauerhaft Sinn bei der Arbeit erleben zu können. Wir Menschen wollen wachsen und erleben durch unsere Entwicklung eine große Befriedigung.

Es gibt auch Menschen, die haben gar nicht den Anspruch, dass ihre Arbeit sie erfüllen soll. Sie machen einfach ihren Job und finden ihre Erfüllung in anderen Bereichen ihres Lebens. Das ist natürlich auch völlig in Ordnung. Wenn du auch zu diesen Menschen gehörst, erfährst du jetzt ein paar einfache und effektive Methoden, wie du im Job wieder aus einem Motivationstief raus kommst, wenn du mal da drin stecken solltest:

Erinnere dich an eine Situation, in der du in deinem Job mal hoch motiviert, richtig gut und mit dir selbst sehr zufrieden warst. Führe dir diese Erinnerung so lebendig wie möglich vor Augen.

- Wen oder was siehst und hörst du?
- Was sagst du zu dir selbst in dieser Situation?
- Welche entscheidenden Momente gab es?
- Welche Körperhaltung hattest du?
- Was strahltest du aus?

Wenn du die Situation ganz lebendig vor Augen hast, analysiere: Was hat dich in dieser Situation angetrieben? Was hat dich motiviert?

- Motivierte dich ein Vorbild? Dachtest du: »Was der kann, kann ich auch!«?
- War es die Aussicht auf eine bessere Zukunft?
- War es die Identifikation mit der Aufgabe, weil es etwas Sinnvolles oder Wertvolles war?
- War es eine Wettkampfsituation? Vielleicht auch der Wunsch, dich selbst zu übertreffen?
- War es das Gefühl, dich selbst zu verwirklichen und zu tun, was du gut kannst?
- War es die Herausforderung, an der du wachsen und dich weiterentwickeln konntest?
- War es die Verantwortung, die du für dich übernehmen konntest? Das Gefühl, Herr beziehungsweise Frau des Geschehens zu sein?
- Oder war es dein Team und das gemeinsame Arbeiten?
- Vielleicht motivierte dich auch die Anerkennung, die du während oder nach deiner Leistung von anderen bekamst. Oder war es dir wichtig, dir selbst etwas zu beweisen?
- Vielleicht motivierte dich auch eine innere Stimme, die sagte: »Jetzt erst recht!« Dann war wahrscheinlich die Herausforderung an sich ein starker Motivator.

Welche Motivatoren haben dich in deiner Situation am stärksten angespornt?

Wenn du hierauf eine Antwort gefunden hast, kannst du dich fragen, ob diese Motivationsfaktoren vielleicht grundsätzlich wichtig sind für dich. So kann es zum Beispiel sein, dass du generell sehr motiviert bist, wenn es darum geht, eine anspruchsvolle Aufgabe zu bewältigen. Oder es ist die Aussicht auf Anerkennung, die dir Flügel verleiht. Wenn du hier ein Muster erkennst, hast du einen wichtigen Schritt getan. Denn dann kennst du deine individuellen Motivationsknöpfe. Drücke diese – und gestalte deinen Arbeitsalltag so, dass deine Hauptmotivatoren möglichst oft aktiviert werden!

Ein Beispiel:
Du empfindest eine bestimmte Tätigkeit als langweilig. Wenn du jetzt immer nur die Langeweile im Fokus hast, hilft das weder deiner Stimmung noch deiner Motivation. Fünf Wege führen zu weniger Langeweile durch einen neuen Fokus:

1. Lenke deinen Fokus auf den Fortschritt der Arbeit und mach diesen sichtbar. Zum Beispiel durch das Abhaken und Durchstreichen von Punkten auf deiner To-do-Liste.
2. Betrachte deine Arbeit als eine Trainingschance, bei der du deine Geduld und dein Durchhaltevermögen trainieren kannst. Das ist im Leben immer nützlich.
3. Lenke deinen Fokus auf die netten Kollegen.
4. Denke an das Geld, das du mit dieser Arbeit verdienst und was das Geld dir alles ermöglicht.
5. Überleg dir drei Tätigkeiten, die noch langweiliger sind.

Alles schön und gut, aber der Job macht dir einfach immer noch nicht viel Freude? Und einen neuen Job zu finden ist auch nicht so einfach?

Also gut. Leg mal die Karten auf den Tisch: Bewerte den Grad deiner derzeitigen Zufriedenheit im Beruf auf einer Skala von 1 (☹☹) bis 10 (☺☺) und mache dort ein Kreuz.

1 |————————————————————————————————| 10

Beantworte nun folgende Fragen:

1. Welche Ursachen siehst du für deine derzeitige Zufriedenheit oder Unzufriedenheit?

_____

_____

_____

2. Was müsste sich ändern, was müsste passieren, um den Grad deiner Zufriedenheit (noch mehr) zu erhöhen?

_____

_____

_____

3. Was kannst du selbst beeinflussen und wie sieht der erste Schritt aus?

4. In welchen Punkten kann deine Führungskraft dich unterstützen, um ein motivierendes Umfeld für dich zu schaffen? Sprich mit ihr oder ihm darüber!

Nach etwa drei Monaten schaust du dir die Skala und deine Antworten noch mal an. Was hat sich geändert?

Bitte gib nicht deshalb dein Bestes, weil du andere beeindrucken willst, sondern weil du auf diese Weise mehr Freude an deiner Arbeit haben kannst. Vielleicht hast du deinen Job ja mal mit Begeisterung und Hingabe gemacht? Erinner dich an deine ersten Arbeitstage in diesem Job!

5. Was hat dich damals begeistert? Was hat dir Spaß gemacht?

6. Welche Ideen hattest du damals?

_____

_____

_____

_____

Wenn wir Freude haben an dem, was wir tun, dann sind wir glücklicher, haben mehr Erfolg und verdienen meistens auch mehr Geld. Es wäre wünschenswert, dass du deine Arbeit gern tust!

8.
Scheitern gehört dazu

Jeder von uns kennt Situationen, in denen es an Motivation hapert. Halte dir das ruhig manchmal vor Augen. Oft fühlen wir uns schon ein bisschen besser, wenn wir nicht als Einzige immer wieder an den eigenen Erwartungen scheitern. Wir nehmen uns etwas vor, wollen etwas anfangen, beenden oder verändern, doch dann bleibt doch alles, wie es ist – es mangelt an Motivation und Durchhaltevermögen.

Warum wollen wir überhaupt etwas Neues beginnen, etwas Altes beenden oder etwas Gewohntes verändern? Meistens, weil wir meinen, es würde unser Leben verbessern. Wir glauben, wir würden glücklicher, zufriedener oder erfolgreicher. In jedem Fall aber ahnen wir: Da geht mehr.

Bevor wir diesen Gedanken fassen, haben wir uns meistens über uns selbst geärgert – und wollen uns nun ändern. Das Erstaunliche: Obwohl wir wissen, dass es gut für uns wäre, fällt uns das Anfangen schwer – und das Dranbleiben noch viel schwerer. Und das, obwohl es so viele Bücher zum Thema Selbstmotivation gibt. Vielleicht denkst du auch nach diesem Buch: Was die Fritze kann, kann ich doch auch! Sie krempeln die Ärmel hoch ... und trotzdem klappt es schon wieder nicht!

Verflixt noch mal! Nun willst du schon an deiner Motivation arbeiten – und dann schaffst du es einfach nicht? Veränderungen sind nun mal für uns alle eine Herausforderung. Sie kosten jeden Tag Energie und Aufmerksamkeit, die wir erst mal aufbringen müssen. Währenddessen empfinden viele Menschen, was Ödön von Horvath so schön auf den Punkt gebracht hat: »Eigentlich bin ich ganz anders, ich komme nur so selten dazu.« Dass die eigenen Pläne nicht mit leichter Hand umgesetzt werden können, gehört dazu.

Das Schlimmste, was du angesichts von Rückschlägen tun kannst, ist, zu resignieren. Zu denken »Ich hab einfach zu wenig Disziplin ...«, »Mein Wille ist nicht stark genug ...« oder gar »Ich kann das eben nicht!« Diese Selbstzweifel sind alles andere als nützlich. Sie sind der Motivationskiller Nummer eins. Statt an dir zu zweifeln, frage dich lieber immer wieder, was du tun kannst, um deine Motivation oder dein Durchhaltevermögen zu steigern. Lass dich auch von anderen inspirieren, aber bedenke: Was bei dem Einen funktioniert, muss bei dir noch lange nicht funktionieren. Jeder hat seine individuelle Art, sich zu motivieren. Schaue also nicht zu sehr auf andere. Schau mehr auf dich. Achte auf dich!

Wer kennt dich besser als du dich selbst? Deshalb weißt auch nur **du** ganz genau, welche meiner Tipps in diesem Buch für dich funktionieren.

Finde heraus, an welchem Zahnrad du am leichtesten drehen kannst, um das System in Schwung zu bringen.

Sind es die Wahrnehmung, die Gedanken oder das Handeln? Welches Zahnrad auch immer du auch nur ein wenig bewegst, es hat immer Auswirkungen auf das Gesamtsystem und ein Veränderungsprozess beginnt.

Und sollte es dir trotz allem nicht gelingen, umzusetzen, was du dir vorgenommen hast, dann denk daran: Scheiter heiter! Und dann mach den E.R.P.E.L. (siehe Seite 178)!

War's das?

Im Gespräch mit sich selbst

Kritiker: Das hat mir gerade gut gefallen. Scheitern gehört dazu. Das nimmt den Druck, dass jetzt alles anders und besser werden muss.

Coach: Oh, bloß nicht!

Kritiker: Ha! Du redest ja schon wie ich! Deine Antwort erstaunt mich ehrlich gesagt.

Coach: Ich meine damit, dass Druck nicht motiviert. Es geht doch darum, dass ...

Kritiker: Jaaaa, ich habe ja verstanden. Schritt für Schritt und nicht alles auf einmal. Man beginnt mit einer kleinen Veränderung in der Wahrnehmung, im Denken oder im Verhalten und das hat Auswirkungen auf das ganze System ...

Coach: Ha! Und du redest jetzt wie ich! Das freut mich!

Kritiker: Nicht zu viel freuen! Ich bin immer noch der innere Kritiker und ich habe nach wie vor das Recht, in diesem Kopf meine Stimme zu erheben.

Coach: Das Recht möchte ich dir auch gar nicht nehmen. Im Gegenteil: Wir haben doch auch an der einen oder anderen Stelle gemerkt, dass es gut und wichtig ist, wenn du dich einbringst.

Kritiker: Danke, dass ich das jetzt auch schriftlich habe. Und ich möchte noch mal betonen: Mir geht so eine Die-Welt-ist-so-schön-und-alles-ist-sooo-positiv-Haltung echt gegen den Strich.

Coach: Auch das hast du jetzt schriftlich: Es ist absolut in Ordnung, mies drauf zu sein, sich unter der Decke zu verkriechen und keinen Bock auf irgendetwas zu haben, **wenn** es meine Entscheidung ist, das einfach mal zuzulassen und ich keinem damit schade. Licht und Schatten gehören zusammen.
Und es ist wichtig, sich den Unterschied immer mal wieder bewusst zu machen, damit man das Licht auch wieder zu schätzen weiß.

Kritiker: Aber???

Coach: Kein aber.

Kritiker: Na, da fehlt doch noch was!

Coach: Du hast recht: Ich kann mich dazu entscheiden, auch mal das Grau in der Welt zu sehen, wenn ich weiß, wie ich wieder den Farbfilm einlege.

Kritiker: Und auch dazu entscheidest du dich dann ganz bewusst, indem du etwas an deiner Wahrnehmung, deinem Denken oder deinem Verhalten veränderst.

Coach: So ist es! Motivation ist eine Entscheidung, die jeder nur für sich selbst treffen kann.

Kritiker: Also: Motivier dich selbst, sonst kann's keiner?

Coach: Ja, genau!

Kritiker: Alles klar. Dann war's das.

Zum Schluss

Wissen ist nicht der Schlüssel zur Veränderung. Sondern der Mut, aktiv neue Erfahrungen zu suchen und sich gezielt auf eine andere Wahrnehmung, anderes Denken und Handeln einzulassen. Nur so kannst du Schritt für Schritt Veränderungen in dir und deinem Leben anstoßen. Doch wie lange wird es dauern, bis diese Veränderungen stabil sind und nachhaltig wirken? Manche Hirnforscher sagen, es würde achtundzwanzig Tage und manche sagen, es würde neunzig Tage dauern, bis im Gehirn neue Denk- und Verhaltensmuster fest etabliert sind. Letztendlich hängt es von dir ab, mit welcher Begeisterung und Intensität du diese Veränderungen angehst und lebst.

Grundsätzlich gilt: Habe Geduld mit dir, sieh deinen Fortschritt und gehe immer weiter – Schritt für Schritt.

Das Super-Buch

Das Superbuch
1. Auflage 2014

288 Seiten; 8,90 Euro
ISBN 978-3-86980-267-1; Art.-Nr.: 946

Das neue Flex-Cover mit seiner außergewöhnlichen Oberfläche in Lederoptik und seiner Wave-Struktur macht das neue SUPER-BUCH sichtbar und fühlbar hochwertig. Mit einem perfekten Design und dem durchdachten System gibt es Ihren Ideen, Projekten und Gedanken Raum und beendet das Zettelchaos auf Ihrem Schreibtisch. Notizen, Aufgaben, Ideen ... zentral an einem Ort – stilvoll und elegant.

Das SUPER-BUCH ist Ihr »Speicher« für Ideen, Projekte, Telefonnummern, Reminder, nützliche Gedanken, Notizen ... all das, was sonst auf vielen kleinen Zetteln auf dem Schreibtisch verloren geht.

Experten empfehlen Super Bücher

Viele Experten empfehlen Super-Bücher, um endlich mehr Ordnung und System auf den Schreibtisch und in den Kopf zu bekommen. Doch diese Empfehlungen haben einen entscheidenden Nachteil: Sie sind nur Bauanleitungen, wie man sich aus einem x-beliebigen Notizbuch sein Super-Buch bauen kann. Doch der Eigenbau kostet Zeit, erfordert einiges an Geschick und das Ergebnis ist oft alles andere als optimal.

Deshalb haben wir die besten Ideen aus diesen Anleitungen und unsere praktischen Erfahrungen in das SUPER-BUCH einfließen lassen. Ohne großen Aufwand kommen Sie jetzt zu Ihrem fertigen SUPER-BUCH und können dieses ganz nach Ihren persönlichen Bedürfnissen modifizieren und weiterentwickeln.

Gelassen gewinnen

Martin Christian Morgenstern
Gelassen gewinnen
Ab jetzt reitest du den Affen!
1. Auflage 2014

248 Seiten; 24,80 Euro
ISBN 978-3-86980-238-1; Art.-Nr.: 929

Das Leben ist seit jeher stets ein Gewinnen und Verlieren: Besitz, Menschen, Gesundheit, Leben, Zeit, Nerven, Geld ... Bedingt durch die zunehmende Schnelligkeit der heutigen Welt wird dieses Spiel mit Gewinn und Verlust immer schneller und unberechenbarer. Das führt unser – immer noch steinzeitliches - Gehirn an seine Grenzen. Wir fühlen uns getrieben, unzufrieden und ein nicht enden wollendes Gefühl des »Ich muss noch etwas machen«.

Zeit, Gelassenheit als neue Überschrift für Ihr Leben zu wählen und im Kopf für angenehme Ruhe zu sorgen. Denn mit dem gezielten Verändern des Körperzustands ändert sich auch das mentale Empfinden und Ihr Gehirn beginnt, immer weniger auf ehemalige Stressreize zu reagieren. Ab jetzt reiten Sie den inneren Affen!

Wie das gelingt, zeigt Top-Trainer Dr. Martin Christian Morgenstern. Die Zutaten dafür heißen gesunder Körper, gekonnte Stresssteuerung und das Loslassen von Ängsten. Dafür müssen Sie Ihr Leben keineswegs auf den Kopf stellen, denn Gelassenheit lässt sich handfest über ganz einfache Techniken entwickeln. So werden Sie in wenigen Wochen zu einem gelassenen Gewinner Ihres Lebens!

Ad hoc visualieren

Malte von Tiesenhausen
Ad hoc visualisieren
denken sichtbar machen
1. Auflage 2015

192 Seiten; 24,80 Euro
ISBN 978-3-86980-298-5; Art.-Nr.: 930

Wünschst du dir, deine Ideen verständlicher und auf den Punkt zu vermitteln? Du möchtest beim Arbeiten an Lösungsstrategien die Potenziale aller Teilnehmer voll ausschöpfen? Oder du möchtest bei Vorträgen oder Präsentationen Inhalte so vermitteln, dass deine Zuhörer den Informationsfluten nicht durch geistige Abwesenheit trotzen? Dann ist dieses Buch die Lösung ...

... Denn ein Bild sagt mehr als tausend Worte.
Das gilt für die immer komplexer werdende Welt mehr denn je. Wer das Visualisieren beherrscht, findet schnell eine gemeinsame Ebene und einen gemeinsamen Zugang, der nicht durch Worte verdeckt ist.

Du kannst gar nicht zeichnen? Du hast kein Talent? Falsch!
Mit diesem Buch wirst du den Zeichner in dir entdecken. Nutze die Visualisierung, um nachhaltiger zu erklären und als ganz neue Ressource bei der Ideenentwicklung. Der Cartoonpreisträger und Visualisierungsexperte Malte von Tiesenhausen inspiriert dich in diesem Buch, selbst den Stift in die Hand zu nehmen und ihn nicht wieder loszulassen. In unterhaltsamer und aufgelockerter Art und Weise stellt er Methoden und Techniken vor, wie du selbst die Kraft der Bilder nutzt und deinen Fokus auf die Welt erweiterst.